好书精读
Master 15′

商业新闻出版公司和轻松读文化事业有限公司提供内容支持

从顾客身上挖点子

轻松读大师项目部　编

中国盲文出版社

图书在版编目（CIP）数据

从顾客身上挖点子：大字版/轻松读大师项目部编．—北京：中国盲文出版社，2017.11

ISBN 978－7－5002－8105－4

Ⅰ.①从…　Ⅱ.①轻…　Ⅲ.①企业创新　Ⅳ.①F273.1

中国版本图书馆CIP数据核字（2017）第258206号

本书由轻松读文化事业有限公司授权出版

从顾客身上挖点子

编　　者：轻松读大师项目部
出版发行：中国盲文出版社
社　　址：北京市西城区太平街甲6号
邮政编码：100050
印　　刷：北京新华印刷有限公司
经　　销：新华书店
开　　本：787×1092　1/16
字　　数：80千字
印　　张：11.75
版　　次：2017年11月第1版　2017年11月第1次印刷
书　　号：ISBN 978－7－5002－8105－4/F·182
定　　价：40.00元
销售热线：（010）83190297　83190289　83190292

出版前言

数字文明为我们求知问道、拓展格局带来空前便利，同时也使我们深受信息过剩、知识爆炸的困扰。面对海量信息，闭目塞听、望洋兴叹固非良策，不分主次、照单全收更无可能。时代快速变化，竞争不断升级，要想克服本领恐慌，防止无知而盲、少知而迷，需尽可能将主流社会的最新智力成果内化于心、外化于行，如此才能更好地顺应时代，提高成功概率。为使读者精准快速地把握分散在万千书卷中的新理念、新策略、新创意、新方法，我们组织编写了这套《好书精读丛书》。

这套书旨在帮助读者提高阅读质量和效率。我们依托海内外相关知识服务机构十多年的持续积累，博观约取，从经济管理、创业创新、投资理财、营销创意、人际沟通、名企分析等方面选取数百种与时俱进又经世致用的好书分类整合，凝练出版。它们或传播现代经管新知，或讲授实用营销技巧，或聚焦创新创业，或分析成功者要素组合，真知云集，灼见荟萃。期待这些凝聚着当代经济社会管理创新创意亮点的好书，能为提升您的学识见解和能力建设提供优质有效便捷的阅读资源。

聚焦对最新知识的深度加工和闪光点提炼是这套书的突出特点。每本书集中解读4种主题相关的代表性好书，以“要点整理”“5分钟摘要”“主题看板”“关键词解读”“轻松读大师”等栏目精炼呈现各书核心观点，崇真尚实，化繁为简，您可利用各种碎片化时间在赏心悦目中取其精髓。常读常新，明辨笃行，您一定会悟得更深更透，做得更好更快。

好书不厌百回读，熟读深思子自知。作为精准知识服务的一次尝试，我们期待能帮您开启高效率的阅读。让我们一起成长和超越！

目 录

如何使企业大幅成长？答案就是创新。创新的结果是显而易见的——既有顾客与新顾客都会向你买更多的东西，从而使公司营收增加。无论企业进行其他何种变革，其效果都无法与创新相提并论。也就是说，除非抓到创新的精髓并不断实践，否则企业无法实现营收和利润的稳步成长。

创意商机是左脑思维与右脑思维相结合的产物，其精髓在于结合创意与企业策略。依创意商机而定的企业策略，通常都能开发突破性的解决方法，抢占行业先机。通过建立重视创意商机的企业文化、把创意当成企业核心的策略、了解自己行业和品牌的精髓，企业成功的机会会大大提高。

所谓局外创新就是由顾客主导规划公司的运营流程；就是让顾客卷起衣袖，跟公司一起设计符合其需求的产品，共同规划公司的服务模式；就是让顾客号召其他顾客，以公司的产品与服务为基础，为公司打造出生气勃勃的顾客导向系统。在各种创新模式中，让顾客成为公司研发团队中要角的“顾客主导创新”是最有可能成功的一种。

“重组是创造性思维的本质”，所谓“灵光一现”的突破性产品，也就是某个人突发奇想想出来的革命性产品少之又少。真正有价值的突破性产品，反而大多是重组式创新或利用“科技中介”的结果，也就是把某个行业中行之已久的构想和概念，移植到另一个完全不同的行业。因此，要在未来成功，就必须懂得以有力的崭新手法善用过去。

以创新促成长

Driving Growth through Innovation

How Leading Firms Are Transforming
Their Futures

原著作者简介

罗伯特·塔克（Robert Tucker），创新资源咨询公司创办人兼总裁，企业创新领域研究者，创新领域享誉世界的演讲人、顾问及领导者。曾任美国加州大学洛杉矶分校助理教授，著有《创新者的秘密武器》《未来赢家》《价值革命》等书。

本文编译：陈正芬

主要内容

5分钟摘要

掌握创新精髓，创造永续成长

创新，意味着涌现新的想法，开发新的产品和服务，是企业成长的绝佳之法。创新的结果也是显而易见的——既有顾客与新顾客都会因此向你买更多的东西，从而使公司营收增加。不论企业进行其他何种变革，其效果都无法与创新相提并论。也就是说，除了不断创新外，企业无法通过其他策略促成营收与利润的稳定增加。

创新 → 营收增加 → 获利提升

企业若想以创新达到稳定成长，需遵守 5 大原则：

创新的5大原则

1. 创建创新架构
2. 建设创新的企业文化
3. 建立创新流程
4. 觉察创新趋势
5. 以顾客为中心进行创新

关键思维

如何使企业大幅成长？答案就是创新。“节流”只能缩小毛利与净利间的差距——提高获利，但却无助于“开源”——使营收增加。想要做到“开源”，就必须给顾客提供一些新鲜事物，这可能是专门服务，也可能是可有效解决顾客问题的东西。因此必须想出一些新产品与新策略，让既有顾客多光顾，同时也开拓新客群，使营收和获利双双提高。这么做才算抓到创新的精髓。

——罗伯特·塔克

一 创建创新架构

要想按部就班地实现创新，你得先了解“创意”与“创新”的区别：

◎ 创意——想出新奇、新鲜或具有原创性的点子。

◎ 创新——将新点子转化为产品或服务的过程。

提倡创意的企业固然值得嘉许，但还需按部就班地去实现它，否则创意就毫无价值。企业只有精通让创意“落地”的技巧，才算真正具备了持久的竞争优势。

创新的定义其实很单纯，就是“想出并实现对顾客有益的点子”。创新的目的是为顾客创造新价值。在实践中，创新有 3 种形式：

（1）产品创新——推出的新产品或服务能更

有效地解决顾客的问题。

（2）流程创新——提出更佳的处理方式，在效率与能力上比以前更好。

（3）策略创新——挑战业界现有做法，满足即将出现的需求，方法包括：

◎ 提供具备附加价值的新服务。

◎ 提出更新、更好的营销方式。

◎ 进入新市场。

◎ 开发新业务模式或提出新价值主张。

◎ 打造全新市场。

从更深一层来看，创新的幅度分为以下3种：

◎ 微幅创新——企业在降低成本的同时微幅提升顾客满意度，这种变化的幅度较小。

◎ 大幅创新——可以带给顾客明显的利益并大幅改善企业的运营效率。

◎ 突破性创新——使营收与利润大增的新产品或服务，造成实际“大增”的因素会因行业而有所不同，但通常都可带来营收与利润的三级跳。

以下为一些突破性创新的例子：

◎ 吉列公司——在 20 世纪 90 年代初推出感应系列剃须刀，提供更舒适的剃须感受，迎头痛击其他开发一次性剃须刀的公司，离“掌握全世界男人的胡子”又近了一步。

◎ 大众汽车——经过更新和重新设计，在 20 世纪 60 年代推出了深受顾客喜爱的甲壳虫车。

◎ 戴尔电脑——率先提出一种接单后再生产的直销模式，其时所有个人电脑厂商均通过批发商和零售商进行销售。

尽管创新可以带来显而易见的诸多好处，实际情况却是多数公司并不擅长将新点子商品化。事实上，理特管理顾问公司对全球 699 位企业领导者的调查结果显示，有超过 75% 的受访者不满意自己在创新领域的表现。其他多项研究也证实，善于创新与不善创新的公司相比，各方面的表现呈现出极大差距，且这一差距正在日益扩大。

那么，多数企业究竟犯了什么错？具体如下：

◎ 欠缺相应制度，未能辨识所处行业出现的剧烈变化。一旦市场情况发生改变，企业从上到下往往都无力应变。

◎ 缺乏正确衡量新点子开发能力的领先指标，采用的只是一味强调以往表现的滞后指标。

◎ 将开发新点子的责任推给营销部门。每年有超过3.1万种新消费产品被推出，但无一例外不痛不痒，多数产品无疾而终，对业绩成长毫无帮助。

相较之下，那些靠新产品赚到大钱的企业则是：

◎ 有系统、按部就班地进行创新工作。

◎ 运用领先指标去评估成功的可能性。

◎ 将企业内用于开发新点子的资源进行统筹

管理，使新点子实现商品化。

领导者是决定企业是否具备创新能力的重要因素。除非 CEO 能将持续创新列为优先事项，否则企业员工难以将创新放在心上。

企业领导者可运用下列 5 个重要方法来激励员工进行创新：

（1）明文制订创新策略，指出公司要如何为开拓未来商机做准备。说得更精确些，就是要清楚简明地勾勒创新蓝图。它应该包括：

◎ 企业创新的意义。

◎ 企业推崇的创新方法。

◎ 想通过创新达成的成长目标。

◎ 新点子需要经过的流程。

◎ 克服组织中创新阻力的方法。

◎ 将创新融入企业文化的方法。

◎ 引领创新的主力人选。

事实上，创新策略描绘了公司从事创新的方式。只要将上述原则诉诸文字，每位员工便能顺利遵循。当然，唯有在CEO等高层主管的协助与密切配合下，这张创新蓝图才有可能完成。

（2）让每位员工在创新过程中各司其职。创新是如此重要，以至于不能全交由资深经理团队处理，应该人人参与。

动员、鼓励的方法有：

◎ 明确指出公司期待大家都具备创新意识。

◎ 公布员工的创新行为，进行表扬。

◎ 开设培训课程，让员工多了解创新流程并提供创新思维的基础训练。

◎ 挑选最具创新潜质的员工，让他们接受创新理论的进阶训练。

（3）分配资源，判断风险层级。优秀企业领导者会把时间、金钱与人才分配给创新计划，直接有效地管控风险。除非企业领导者愿意砸下资源追求创新，否则其他人是不太可能把创新放在心上的。因此，CEO务必把企业的人力和物力投入创新。

（4）开发一致性的创新评估标准。一般的衡量标准，如每股盈余、投资回报率等只能评估过去的绩效。若想鼓励持续创新，企业领导者则应导入较具前瞻性的新评估标准。

以下为可供参考的做法：

◎ 计算近两年开发的产品与服务营收在总营收中所占的百分比。

◎ 追踪并记录目前各部门的创新计划。

◎ 将升级产品的数量与全新产品的数量进行比较。

（5）适度给予创新奖励。除非能对提出新点子予以嘉奖，否则多数人会埋头手边的事而无暇创新。冒险尝试创新所获得的奖励，必须远远高于因创新失败而遭到的惩罚，这对创新尤为重要。因此杰出的企业领导者会鼓励创新，采用诸如以下的方式：

◎ 奖赏，包括外在（如金钱，尤其当项目可能为公司多赚上百万美元利润时）及内在（如邀请创新者参与可能改变企业交易方式的项目）。

◎ 荣誉，例如被公司总裁亲切接见等。

关键思维

企业的生存之道，在于如何让创新在企业内存活。

——史蒂夫·乔布斯，苹果电脑创办人

二　建设创新的企业文化

创新不只是某个特定部门的责任，而是各部门都必须具备的要素。企业需设定适当的评估和奖赏制度，激励管理层与员工参与创新。

企业文化可以促成创新，也可以扼杀创新。如果“安于现状”比“冒险创新”更受重视，创新一定很难出现。尤其是当大家都担心“枪打出头鸟”时，组织内部对创新必定兴趣缺失。

因此，领导者和管理层应营造更融洽的企业文化，对创新友好以待：

（1）分析现状——企业文化是鼓励还是反对创新？

（2）找出现有障碍——这些障碍可能是当前文化的一部分，能够在无形中扼杀创新，例如：

◎ 欠缺开发新点子所需的资金。

◎ 缺乏将新点子向管理层汇报的流程。

◎ 让人不愿甚至不敢承担失败的后果。

（3）描述现有创新程序——那些想出好点子的人，接下来该怎么做？

（4）容许员工以多少时间从事创新——员工是否真有时间开发新点子？解决之道是特地拨出一段时间，思考或试验新点子。

（5）检查企业文化的容忍度——最佳方法是回答“那些冒险的人结果如何”。如果有人因尝试创新失败而被炒鱿鱼，其他员工会怎么想？

（6）找出企业中的特立独行者——那些不人云亦云，能够自由思考，愿意想些疯狂事的人。别把一般差事交给他们，你该想想要如何改善工作环境，好好运用他们的才能。

（7）鼓励大家想出改善现状的点子——看看直接参与者能否想出值得参考的点子。或许你会惊喜地发现，有很多人有好点子却苦于无处诉说。

（8）仔细检查自己的心态——看看自己是希望新点子由企业领导者管理还是下放给一般员工。尤其要自问，你是否在无意间已经将“思考”从多数工作中删除？

（9）找出新产品点子王，并培养更多的点子王——方法包括广结善缘、从旁指导与开设培训课程等。点子王可以在组织内发挥潜移默化的作用。

（10）多聘用几位创新者——乐于将有创新潜力的人收到麾下，他们的特征如下：

◎ 喜欢发问并寻求答案。

◎ 有广泛的兴趣爱好。

◎ 喜欢解决问题。

◎ 精力充沛，高度自我激励。

◎ 职业道德感强烈，有热情。

◎ 机智且能与他人愉快合作。

（11）将不同创意风格搭配得恰到好处——让组织中既有喜欢改善现有制度的改良者，又有希望彻底改变所有制度的创新者，同时保持两者恰到好处的比例。许多实务上的问题会同时需要这两种人，因此领导者要能平衡组织中这两种创意风格。

除了确保企业文化臻于平衡外，领导者也要思考潜在的创新策略。任何创新策略都是把向顾客提供新方法以创造价值作为目标。创新策略的起点是想象如何以更佳方式服务顾客并由此而获利。由于大家都会试着发展创新策略，因此你最好抢在竞争者前面找出可行的策略，做法有：

（1）从市场定位中寻找机会。看看是否还有仍未被竞争者锁定的细分市场？例如，你能否让顾客：

◎ 以更少钱买更少功能——简化现有产品规模。

◎ 以更多钱买更多功能——增加现有产品功能。

◎ 以更少钱买同样功能——举办特卖或

促销。

◎ 以更少钱买更多功能——增加附加价值。

◎ 以同样的钱买更多功能——增加独特性能与辅助功能。

（2）帮顾客寻找外包机会。看看能否帮顾客将日常琐事、重复劳动或责任外包，从而将更多时间和精力专注在最擅长之处？另外，你能否为顾客提供必要的知识、技能设备，让他们亲自完成原本得付钱请人代劳的事？这两种切入点都是你的潜在商机。

（3）试着更了解顾客需要。许多行业自开创以来就从未想过要以发展的眼光看待顾客需求。如果能发现顾客的新兴需求或是无法表达的欲望，开发出无人尝试过的商业概念，成功的机会就近在咫尺，就像牙医不以拔牙为满足，而涉足其他类型服务，例如牙齿美白、整形等。把重点摆在顾客无法精准说出的真正需求上，而不是一味因循业界的既有做法，你就能吸引新顾客并提高收入。

（4）创造新的商业模式。正如亚马逊网上书店挑战了业界对书店的看法，许多公司也正在积极尝试自我再造，例如美国前进保险公司就根据车辆使用频率与行驶时间来决定保费：保户在车上加装里程计数器，保险公司依实际行驶里程计算保费，如此保费便能进一步降低，而保险公司承受的风险也更明确，公司运营亦更有效率。

（5）思考如何重新定义“附加价值”。过去在汽车业，汽车制造商常常聘请研究机构进行顾客满意度调查，美国一家调查公司则反其道而行之。它先进行行业调查，再将调查结果与排名卖给汽车制造商。结果这家公司完全改变了汽车行业的市场调查法则。

（6）重新思考产品或服务的交货方式。戴尔电脑决定不通过零售商而将产品直接卖给消费者。同样，莱格斯裤袜选择通过大型超市和便利店来销售商品。在向消费者提供产品与服务的方式上花心思，你就会发现大好的创新机会就在眼前。

关键思维

仅靠有趣且富新意的点子无法成就事业。能让人们为有趣且富新意的点子掏出钱来，才算真正成就事业。

——迈克尔·施拉格

麻省理工学院媒体实验室主任

有些创新策略并非建立在科技上。可持续发展的商业模式需要用想象力和热情来为顾客找出更好的解决之道，而非把力气用在资产负债表上。要想启动公司的创新策略，首先就要重新思考现在顾客正以何种方式接收传递给他们的价值。而企业的商业模式则说明了公司如何为顾客创造价值并由此创造营收。

——罗伯特·塔克

文化往往载于员工口口相传的故事中。在拥

有优良创新历史的公司中，这些故事会不断提醒员工冒险是安全的。强生公司创办人之一的罗伯特·强生，曾向一位因产品失败而使公司蒙受损失的经理道贺："孩子，你犯的错表示你做过决策，也冒过险。"3M也有类似故事。公司的历史总离不开早期的传奇故事：公司接连推出失败的产品，最后才大放异彩。同样，迪士尼公司的许多员工也都知道，开设迪士尼商店的想法出自一位平凡的员工。

——罗伯特·塔克

你和员工能以多快的速度想出好点子、分析可行性、寻求资金、建立原型、收集反馈信息、克服困难……就代表公司创新的速度有多快。在每项活动中，文化既是核心也是灵魂，是创新的催化剂，但也是创新的绊脚石。

——罗伯特·塔克

三　建立创新流程

创新无法凭运气实现。具有前瞻性的企业，会持续且有系统地寻找创新机会，并关注外部环境变化（如社会、人口结构与科技趋势等）对创新的影响。

除非有套可行的制度来管理新点子，否则创新永远只是随机事件而非规律性产物。有意强化创新能力的公司会将管理新点子放在第一位。以下为管理创新点子常见的 8 种模式：

（1）设立提议机制——员工可以提出有关改善事物的任何想法，其想法一经采用就给予重赏。

（2）使改良常态化——针对公司常规流程进行经常性的小规模改良。

（3）大举推行“开门政策”——任何员工都

可与企业领导者会面，说出未获直接主管赏识的想法。比如迪士尼公司每3年会开一次大会，让每位员工都有机会提出新点子或建议。

（4）组成创新探索小组——负责开发具有突破性潜力的新产品或服务。

（5）成立“孵化”实验室——将原始创意去芜存菁变成可行的商业概念，再整合进产品或服务中，然后提供给顾客。

（6）采取“大家都是创业家”的做法——组织中各个层级提出点子的人都被赋予实践自己想法的机会。

（7）建立创新团队——包括曾展露创新才能的人，以及在组织中扮演军师角色却不知如何让好点子开花结果的人。

（8）在每个部门设立“创新催化剂”团队——有能力针对新产品概念，进行开发、测试、建立原型并最后决定上市与否。

要判断上述哪种模式适合你的组织并非易

事。如果方法正确、处理得当，你就能得到巨额回报。不过在进行这项决策并向组织内的点子管理系统授权时，请记住以下几点：

◎ 评估现行的点子管理方式。改善目前的做法往往比从无到有更简单。

◎ 切实向每位员工征求点子。

◎ 点子管理制度一定要易于执行，让大家随时可以捕捉灵感，而不会被人为的时间表束缚。

◎ 至少指定一人全职管理创新制度，否则将难有进展。

◎ 当员工突然想出很棒的点子时，允许他们跳过直接主管向上报告。

◎ 建立一套快速回复系统，避免忽视任何员工的点子。

◎ 让具有创新能力的员工负责汇总并审核所提出的创新点子。

◎ 改良原创点子时，尽可能让原创者参与。

◎ 真诚表扬提出创新点子的人。

◎ 开发与企业文化相契合的点子管理制度。

创新点子的管理并没有一套成规可以遵循。每个企业都有其独特的企业文化，因此都必须自行开发专属的创新管理制度。设计正确的制度需要时间和精力。一旦新点子如泉涌般出现并推动企业成长时，一切努力都超其所值。

除了改良与强化创新点子的管理制度外，还必须培养产生创新点子的能力，以下是促成创新点子产生的方法：

（1）让每位员工视开发新点子为已任——允许并鼓励员工尽可能多与顾客见面，了解其需求。根据经验，你可以鼓励每位员工至少将20%的时间花在与既有和潜在顾客沟通上。

（2）向最好的顾客征询意见——做法有下列几种：

◎ 组成顾问委员会，邀请重要顾客参与并贡献意见。

◎ 找出最早使用并认同公司服务的老顾客，

预先告知他们公司提供的服务将有新发展。请老主顾对未来产品发表意见，听取他们对市场趋势的看法。

◎ 设置供顾客讨论新点子的专属网站等。

（3）花时间和心思观察顾客使用产品或服务的情况——看看能否因此破除某些现有偏见。幸运的话，你可能发掘出一些至今仍不为人知的顾客需求。

（4）与新潮或非传统的顾客聊聊——了解如何扩大服务对象。一直以来，市场上都存在着大量可供开发并可找寻新意的传统商品。如果重新设计定位后能推广至新兴市场，你的企业就可能迎来新的成长契机。

（5）与供应商对话——一起分享业务信息，问他们最看好什么。把面临的挑战告诉供应商，看看对方能否帮你想出更好的新点子。

（6）替企业的点子小组设定标杆，重新改组并持续更新——观察从点子形成到落实都很成功的企业，从中找到可借鉴之处。比如说，看看能否将那些企业的部分文化移植到你的企业，或者分析其组织架构，学习它们是如何鼓励员工创新的。总之，观察成功企业，以有条理、按部就班的方式进行创新。

许多公司发现，新点子如果能够如下图这样发展，就可以使创新保持有条不紊：

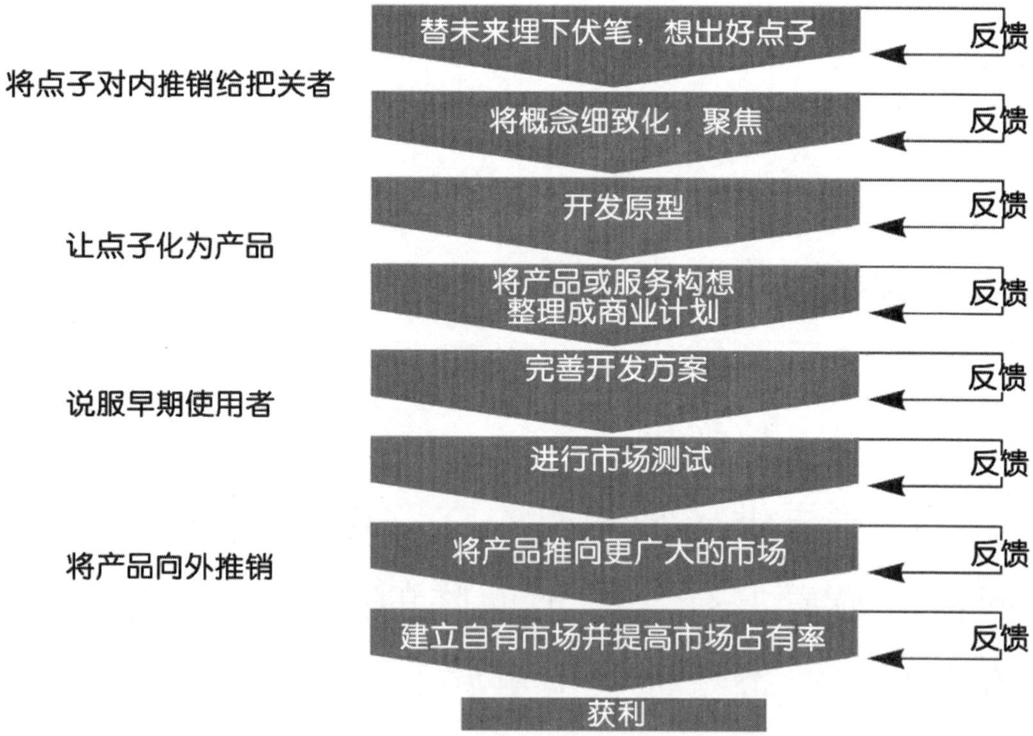

关键思维

在与多家企业共同改善创新流程的过程中，我发现创新过程的最末端真的模糊不清，需要企业仔细思考，比如如何使创新点子成为成长的助力而非阻力。

——罗伯特·塔克

如果某位同事有个点子，他是否知道接下来该怎么做？你可以问问周围的同事，看会得到什么样的答案。要为点子设立制度，使创新变为企业的常规作业，让寻求新点子成为各部门的要事，而不只是少数人的责任。点子管理制度并不是要取代目前正在采用的发掘机制与开发点子的方法，而是要与之共同发挥作用。

——罗伯特·塔克

四　察觉创新趋势

过去，多数企业进行创新时都是由上往下推行，并不寄希望于基层员工发挥思考能力。如今企业不能再这样了，应该鼓励每位员工都大声说出想法，将员工的潜力发挥至最大。

开发创新产品，就是要做出能被市场接受的东西。想提高成功几率有以下方法：

（1）鉴往知来——研究过去的产品，从以前的成功经验中学习。通过仔细研究，就可发现那些突破性产品多半具有以下共性：

◎ 被证明能更有效地解决顾客问题。

◎ 能为顾客尚未意识到的问题提供解决之道。

◎ 能以颠覆性的方式化解矛盾。举例来说，当其他汽车公司都将研发焦点对准高档车时，亨利·福特却以价格低廉的T型车来让汽车作为实用工具走入寻常百姓家，称霸汽车市场。

（2）专心致志为使用者创造价值——决定产品能否成功。关键问题是“对顾客有什么好处”而非“对公司有什么好处”。

（3）在组织内部建立一套完整的新产品开发流程——让尽可能多的新产品通过这套系统产生，进而强化组织内部的开发经验。

（4）运用学习策略，去尝试一些较大胆的点子——让团队成员利用新产品的原型去试探市场的潜力，了解顾客对产品的看法，然后改善产品或直接将计划转向。

（5）让跨部门、跨职务团队聚在一起——成员可以迅速进行决策。

（6）运用技术手段快速建立产品原型——在决定最终产品或服务规格时，先让顾客中的先驱者测试各种可能性。只是在正式创新流程中，原型可能遭遇阻力或否决，部分原因是许多成功产品都是幸运的意外造成的。

这样的例子有：

◎“代糖”是由研究人员寻找治疗溃疡药物时发现的。

◎“伟哥”是科学家研究心绞痛治疗药物时发现的。

◎ 3M 的抗水、抗污思高洁助剂的诞生，是因为一位员工将某种物质泼在鞋子上，几天后，发现污点竟能防水、防尘。

上述意外已成为商业传奇，许多公司因此假设创意与创新会自然而然地发生，不必刻意去追求。问题是，在激烈竞争的大环境下，人们不能坐等幸运降临，更不能让竞争对手抢先成为优秀的创新者。

因此，你必须敏锐地察觉开发新产品的机会，并关注市场上还未被多数企业注意到的改变趋势。你要谨慎地创建公司整个创新流程，抓住这些冒出头来的新机会为企业创造价值。

下列方式可用来迎接这项挑战：

◎ 荷兰皇家壳牌石油公司开发出一个名为“游戏突破者”的点子管理系统，将公司旗下的工程师、研究员与管理者串联起来，共同寻求新技术来强化行业地位。该公司因此可以系统地对新技术进行评估，看它在未来究竟是商机还是威胁。

◎ 美国电话电报公司成立了一个小型业务部门，名为“发现机会部”，准许该部门质疑现有的营收来源，让公司不会因太过锁定既有目标而遗漏了新商机。

企业要想娴熟地挖掘到最佳点子，可以采用如下方法：

（1）逐一检查并监控持续性变化——包括消费者生活形态、全球经济趋势、科技以及政策法规等。突破性创新往往受其他领域变化的波及而产生。

（2）开发一套用来“扫描”未来的系统——

高层主管可以系统地追踪新趋势和新点子。在实际操作上，这套系统要求你必须：

◎ 找时间大量阅读，即使是平日不感兴趣的杂志和时事分析也不能放过，边读边留意不寻常之处。此外，你还要尽可能将吸引你的文章归档保存。

◎ 扩大交际圈。结识各行各业的人，参加大型会议或与新朋友互动。这样你就可以注意到其他领域的新趋势并将其引入自己的行业。

◎ 明察秋毫。假设自己是公司的顾客，找出自己的偏好、不满或优先顺序是什么。试着用这种方法来校正自己的直觉。

（3）将对未来的预测与点子管理制度整合起来——让接受了不同训练以及关注对象、阅读焦点各不相同的人组成团队。让企业对即将出现的趋势有所察觉，鼓励人们发挥创意与原创性。

（4）挑战你对行业所做的假设——检查这些假设会不会因新科技的出现而过时，方法从单纯的提问到正式的分析皆可。此外你还可以将行业中心照不宣的假设写出来，并对其进行分析。

（5）刷新公司在行业中的定位和影响范围——看看自己还可以怎么做。举例来说，自己除了是制造商，未来还可提供哪些服务？许多公司在改变自己的定位后，找到了大幅的成长机会。

（6）对自己更适合在业界里“打头阵”还是“快速跟进”进行战略性决策——前者不见得是件好事。其实在许多行业中，快速跟进的企业反而可以从打头阵企业的错误中学习，避免重蹈覆辙。因此在下决心成为市场先驱者前，应先考虑以下问题：

◎ 你的技术有知识产权（专利或版权等）保障吗？如果没有，你的市场竞争优势便会受到威胁。

◎ 拔得头筹能避免企业资产或资金流向竞争对手吗？如果是，抢第一会是正确的做法；否则得到的可能只是一堆用来炫耀的谈资而已。

◎ 抢先进入市场，能让企业获得品牌忠诚度吗？如果最早进入市场，能把顾客长时间留在身边，那么如此付出就是值得的。

◎ 抢第一对你的信誉有帮助吗？如果品牌走的是前卫路线，进入市场的时机便很重要；如果品牌是以价值取胜，那么是否最早进入市场便没那么重要了。

◎ 目标是大众化市场还是利基市场？多数市场先驱者只将目标对准利基市场，把大众化市场留给市场跟进者。因此延后进入，有时反而能分到更大的一块饼。

◎ 管理团队能胜任吗？多数突破都是众多小改进的累积，而非由某个戏剧性的大创新所成就。想成为成功的市场先驱，管理团队就必须有建立市场的足够耐心。并非所有管理团队都具有这样的能力。

◎ 企业有意愿并有能力持续创新吗？想长期保有市场领导地位，就要舍得牺牲第一代产品的业绩，以便在未来推出更先进的改良产品。要确认企业领导者会愿意为此付出。

关键思维

创新固然重要，但其成果必须为众人所用，否则创新便只是白忙一场。

——道格拉斯·恩格尔巴特

“鼠标之父”

五　以顾客为中心进行创新

这年头，顾客已经无比精明，只要按下鼠标，就可比较各公司极力宣扬的购买条件。如果企业能明确认识到这一点，同时又兼具创新能力，那么它会以顾客意见为依托，无所不用其极地为顾客创造附加价值，驱动企业成长。

在21世纪，创新者必须具有把想法推销给别人的能力。从古至今，世界上最伟大的创新者都深知自己得担任点子推销员，促使别人接受自己的想法。更有意思的是，创新者不仅得培育市场，还得说服组织内的其他成员赞同自己的点子。

如今，不少消费者患上了“升级疲劳征”，也就是厌倦了周期性淘汰升级的概念，不愿再被强迫着不停地购买更新、更好的产品。此外，许多问题早已被现有产品解决，消费者已不用再寻觅新产品。

因此，创新者必须更善于推销自己的新想法。以下是帮助创新者达成此目标的方法：

（1）将员工变成新点子的传播者——让每位员工都跃跃欲试。杰出的点子传播者会：

◎ 了解如何说服他人。

◎ 将注意力放在顾客利益而非产品性能上。

◎ 回答顾客内心深处最想知道的问题："这对我有什么好处?"

◎ 用怀疑的眼光来检查思路中是否仍有不周详的地方。

◎ 帮助他人看见新点子的愿景。

（2）关注顾客的平均回收期——现实生活中一般人最感兴趣的东西，并将其作为努力推销的基石。回收时间愈短，产品或服务便愈具吸引力。

（3）让顾客对试用新点子感到放心——降低

顾客可能感觉到的任何风险。要做到这点，可运用下列方法：

◎ 若对新产品或服务不满意，可获退款赔偿。

◎ 使用大家早已熟悉的字眼，如汽车刚发明时，“不用马的马车”就比“汽车”更易懂、更易得人心。

◎ 通过发放免费样品来鼓励试用。告诉消费者，若想知道自己是否喜欢新的方式，只要一试便知。

◎ 提供分期付款或其他优惠付款方式，让消费者更容易购买。

（4）将销售过程视为培育消费者的过程——告诉潜在消费者，想获得更多利益，就不能固守现状。这是概念性的销售过程，其性质与销售产品本身或服务类似。

（5）逐步建立市场——相当耗费时间与财力，一定会超出最初的预期。你还是要坚持下去，不断创新，不以既有成就为满足，让自己成为市场的最大占有者。

（6）铆足劲“拿下”市场的早期使用者和把关者——让他们与你一起转变市场上的其他消费者。个人推荐与口碑效应优于产品广告。

（7）一以贯之——即使是最成功的产品，都得花一段时间才能为市场所接受，但好产品绝不会受到埋没。

关键思维

将新点子成功地推销出去，无疑是企业最基本且不可或缺的技能。一般人往往分不清楚推销和叫卖之间的差异，但每位销售与营销专才都知道，在交易达成，顾客将血汗钱交出来买下你的新点子后，好戏才会开演。

——罗伯特·塔克

我从不发明自己卖不出去的东西。

——托马斯·爱迪生，美国发明家

到最后，创新不是智慧的结晶，而是意志力的结晶。

——熊彼得，奥地利经济学家

创意商机三级跳

Leap!

A Revolution in Creative Business Strategy

原著作者简介

鲍勃·施密特（Bob Schmetterer），全球第五大营销传播公司灵智精实的董事长兼CEO，同时担任数家大型媒体机构的董事与顾问，是最先预见到互联网对广告业务影响的专业人士之一。

本文编译：庄安祺

主要内容

5分钟摘要

左脑＋右脑＝创意商机

一般来说，如果企业想做广告，传统上都是由企业先拟定策略，再聘请广告公司想出配合策略的广告创意。这虽然没什么不好，但却是本末倒置。更好的做法应该是在广告公司的精彩创意商机基础上构建企业策略。

史上最成功的企业，不乏有靠着与广告公司合作出的精彩创意商机，彻底改变了所在行业。企业也从诸多竞争者中一跃而出，不必再与之缠斗。最棒的创意商机不仅传达品牌意义，而且从根本上为品牌下定义。

由于创意商机是左脑（创意）思维与右脑（逻辑）思维相结合的成果，因此依创意商机而定的企业策略，通常都能保证创意十足且活泼新颖，远比现有的任何广告计划更能传递热情。如果运气足够好，创意商机还可以进一步发挥威力，使企业成功转型，拥有改变整个行业的力量。

一　创意商机的基本元素

创意商机的重点，就是你开发出的点子不仅能售出产品，还能改变整个公司和行业。要做到这一点，就必须融合创意思维和逻辑思维，让二者相辅相成。说得直白一点，就是好的创意商机要融合两种思维方式，勇敢地带领公司向前人从未尝试过的新方向迈进。

创意商机以全新的方式结合创意与策略，创造出突破性的解决方法，抢占行业先机。一个好的创意商机会：

◎ 影响行业本质。

◎ 鼓励能带来更多获利的创新。

◎ 左右或改变整个市场环境。

◎ 开发出强化消费者与品牌间关系的新方法。

创意商机很重要，早已有不少公司身体力行

并取得成功，以下就是几个例子：

◎ 阿根廷一家房地产开发公司打算进行一项土地开发项目。广告公司并未建议房地产公司进行全面广告，而是建议公司为该市建一座地标性桥梁。业者依言建桥，结果媒体的讨论和公众的注意带来了免费的公关宣传和电视采访，这些远超过广告活动所能带来的效果。

◎ 沃尔沃汽车从 20 世纪 50 年代末就开始以安全为品牌诉求，它也是全球第一家提供三点式安全带和夹层挡风玻璃的汽车制造商，直到今日，其所有策略仍一直以安全为中心。

◎ 20 世纪 70 年代以前，没人想过要把鸡肉打造成品牌，弗兰克·普度却想到这个点子。他的创意商机是：并非所有的鸡肉都一样。因此他努力让消费者了解他的产品比较好，值得为此付出高一点的价钱。普度还利用“唯有硬汉才能养出香嫩的鸡”的广告词来强化产品定位。

◎ 英特尔的创意商机则是把品牌标示在所生产

的微处理器上，即便微处理器深藏在电脑内部，一般消费者根本看不到。随着“英特尔在里面”的声名远播，英特尔也由默默无闻的小公司一跃成为举世闻名的大企业。它的品牌价值也水涨船高。

◎ 1971 年，年方 20 岁的理查德·布兰森以邮购方式做成了他的第一单唱片生意，但后来遭逢邮局员工罢工，他的业务受到了影响，于是他决定开唱片公司。布兰森的创意商机是：创办一家能让顾客享受绝佳音乐体验的公司。结果维珍唱片公司大获成功。布兰森又创立了新的唱片品牌，他还根据“要给人们传递美好体验”的创意商机，成立了维珍航空公司。为了宣传航空公司，布兰森舍弃了传统广告模式，而把维珍航空与英国航空公司的竞争比喻为“大卫对抗巨人歌利亚之战”。他以各种标新立异的宣传活动展现维珍以小博大的气魄，比如挑战快艇横渡大西洋的纪录，搭热气球横渡大西洋，他甚至还亲自穿上礼服为位于伦敦闹市区的新店举行开幕典礼。

传统做法如下图所示：

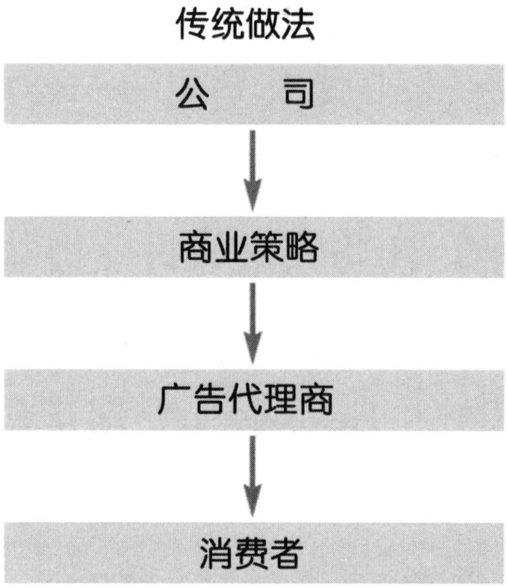

通常是由公司拟定企业策略，再要求广告代理商开发配合策略的创意点子，这种做法虽然没什么不好，却没有太大潜力。

创意商机做法却是：

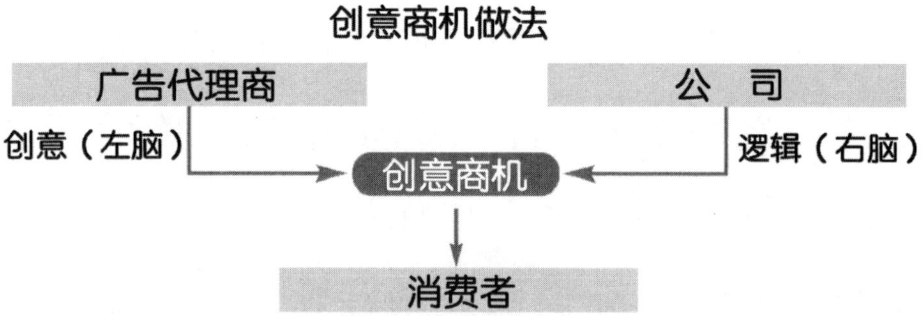

这样做的整合性高，更能启发员工。创意商

机由企业与广告代理商通力合作，找出前所未有的突破性想法。

一个好的创意商机通常有 3 项关键元素：

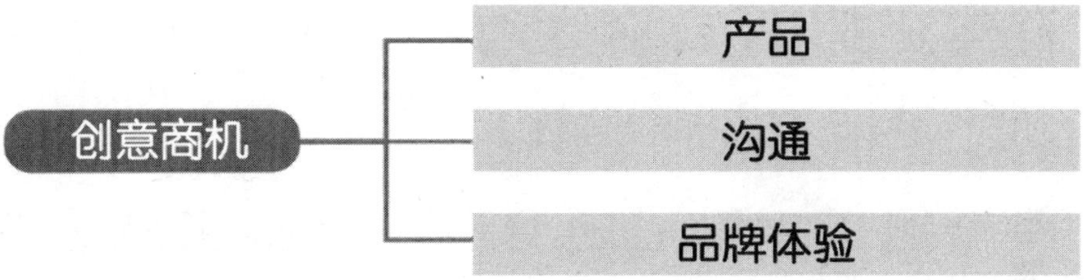

◎ 产品——一个运作良好的产品要能满足消费者的渴望及需求。最完美的产品甚至需要不断地改进并加强这项优势。

◎ 沟通——有效的沟通策略能让大家了解品牌的意义，明白品牌的历史和传承。

◎ 品牌体验——要能超越广告上的宣传文字，让顾客获得真正美好的体验。

换而言之，创意商机是左脑和右脑思维结合的产物，其效果远不是“独特的销售主张”可以比拟的。好的创意商机可让企业摆脱掉市场喧嚣的杂音。

创意商机的根本精神在于结合创意与企业策

略，因此唯有在企业CEO的支持下，创意商机才可能存在。如果CEO自己无法运用创意思考，也要同意其他人去开发可行的精彩创意。无论如何，除非企业CEO有兴趣且主动支持，否则创意商机不可能有任何成效。

举个例子，索尼随身听一经推出就大受欢迎，但最初公司内部多数人都觉得随身听的点子并不高明，市场反应很可能不会太好。随身听的计划之所以没胎死腹中，就是索尼公司创办人兼CEO盛田昭夫鼎力支持的缘故。盛田昭夫甚至表示，如果首批3万台随身听滞销，他就辞职。结果推出不到两个月，3万台随身听就销售一空。

盛田昭夫不仅是随身听这项产品的支持者，还是它的创意力量。随身听其实是意外的产物，当时索尼首席工程师和共同创办人井深大提出了一个想法：他想在手提音响上外接耳机，这样既能欣赏音乐，又不会打扰别人。盛田昭夫立刻察觉到这种产品很可能改变人们听音乐的习惯，因此鼓励井深大进行研发。

而索尼公司其他员工都认为激光唱片有更大潜力，但盛田昭夫坚持原有主张，压倒了所有反对意见。盛田昭夫指示技术人员要尽可能减轻随身听的重量，为此不惜放弃录音功能。他要技术人员开发重量很轻却还能播放高品质音乐的耳机，此外他还要求首批产品的数量要足够多，以便压低单价。

在盛田昭夫的推动和坚持之下，索尼随身听终于面市了。这项具有划时代意义的产品完全改变了市场，新行业横空出世，为索尼带来极高利润。这就是创意商机精心研发、谨慎执行的结果。

关键思维

有两种发挥创意的方法，一是唱歌跳舞，另一种则是创造可让人尽情歌舞的环境。

——华伦·班尼斯，领导学专家

人的头脑只要产生新想法，就无法再返回最初的样貌。

——奥利佛·福尔摩斯，作家

CEO 必须描绘未来的全貌，决定组织未来的方向，并负责让组织“拥有行业中最优秀人才”。但接下来的事就应该交由其他人来思考。领导者的职责是创造培育最佳创意商机的环境。

——比尔·泰勒

英国《快速企业》杂志共同创办人

企业策略是务实的做法，创意思考则可能不易捉摸；企业策略会引导出可评估的结果，创意思考则很难量化；企业策略力求安全平稳，创意思考则会带来风险；企业策略被视为企业不可或缺的一环，而创意思考固然很好，但没有亦不影响企业本质……以上想法全都要改变。要追求成长进步和繁荣发展，企业就必须拥有超越广告所能提供的创意点子。我们需要的是创意商机。

——鲍勃·施密特

以我的经验，创意不仅需要聘雇聪明且具有创意的人才，还需要聘请能了解创意思考力量的聪慧主管。我所见过的种种创意商机都有个共同的要素，就是存在一个能欣赏并接纳新点子的高层主管。此类主管认为接纳新点子是工作的一部分，也知道总有人会持异议，竭力阻挠，因此会尽力来保护这些点子。

——鲍勃·施密特

如果有人问："谁反对创意思考？"没人会举手承认。大家当然都拥护创意——从抽象的角度来说，人人都追求创意。事实上，全球90%的公司都通过具体作为传递出这样的信息："我恨创新，创意是我的敌人。"为什么会这样呢？因为我们讨厌错误，不愿见到失败，而在创意和创新的过程中又很难不出现错误和失败。

——鲍勃·施密特

二　创意商机和企业策略

要想出适合现状的创意商机无疑是项挑战。想提高成功机会，可以且应该采取下列3种做法：

◎ 建立重视创意商机的文化。

◎ 把创意当成企业策略的核心。

◎ 了解自己到底置身于何种行业。

这3个步骤虽不能保证一定想得出好的创意商机，但至少能提高你成功的机会。

建立重视创意商机的文化

对某些公司而言，创意只是高高在上的目标或宣言。但有些公司却真正拥有创意思考的文化。在这样的公司里，各级员工都踊跃开发原创思维，而不是只有企业高层才负有创意思考之责。

要鼓励创意思考，可尝试下列做法：

◎ 由上而下培养创意——不论由谁提议，只要创意足够好就能出线。

◎ 奖励提出创意的员工——除了口头表扬之外，还要提供适度的奖金或其他报酬。

◎ 公开向员工征求新的创意想法——比如每隔数月就举办创意大会或是持续推行创意政策。

◎ 用与众不同的方法或非传统渠道甄选人才——让这些人从不同角度检查企业模式和想法。只要这些人够聪明、肯思考，就能改造企业。

◎ 鼓励并接纳不同的思维——不要求每一个员工都抱有相同的想法。多元化的好处在于能创造更宽松的环境，孵育出真正有创意的想法。你甚至可以考虑成立研究发展中心，专门探讨新的商业观念或想法。

◎ 举办年度创意商机颁奖大会——表扬并奖励提出具有真正创意点子的员工。你可把颁奖大会地点选在国外，只有获得提名的人才能参加，这足以大振士气，激励大家提出更具创意的想法。

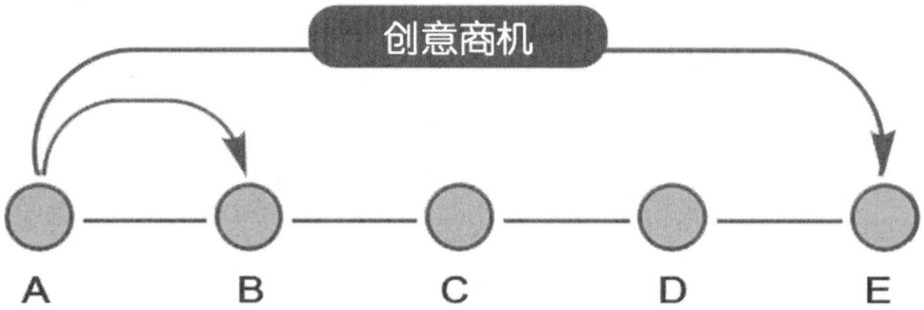

创意商机的出现不是按部就班地由A到B，而是可能由A开始，一跃至E甚至更远。只要做得好，这一跃就可能让你摆脱竞争对手，脱颖而出。华特·迪士尼当年的工作是创造卡通人物，按理来说，如果规规矩矩地由A发展到B，迪士尼下一步就是运用这些卡通人物制作更多的卡通片。但迪士尼却创办了主题乐园，向顾客提供品牌体验。有此创意的一跃，正是因为迪士尼了解自己置身的是创造欢乐的行业，而非仅仅是单纯的电影、卡通或者娱乐业。创意商机需要的正是非线性的跳跃思考。

关键思维

若所有人的想法都一样，就没有人会去多设想。

——华特·李普曼，美国著名政论家

好领导者会让员工觉得有如置身于一切事物的核心，而非外围。

——沃伦·本尼斯，领导学专家

创意商机并非昙花一现，也不是表演一落幕，大家就鼓掌恭喜你有这么精彩的点子，然后各自打道回府。创意商机是持续的过程，需要不断地累积。我们谈的是一而再、再而三的“返场”。

——鲍勃·施密特

光鼓励员工创意思考是不够的，你得提供机制或架构，让大家听到这些人的点子。

——鲍勃·施密特

把创意当成企业策略的核心

令人耳目一新的创意商机并非一蹴而就的

事，它需要毅力和耐力，在成功前还要容许些许错误或障碍的存在。你和公司能够承受付这些代价的唯一方法，就是持续不断地告诉自己："创意才是企业策略的核心。"

要实际运作，可参考以下有效范例：

（1）普度养鸡场。20 世纪 50 年代初期，弗兰克·普度从父亲手中接管了普度鸡场，当时他抱着一个单纯的想法：既然自己所养的鸡比别人好（因为饲料好），那就该收取高一点的价钱。为了显示鸡的与众不同，他以自己的姓氏作为鸡的品牌，并开始做广告。这就是弗兰克·普度的创意商机。他甚至在许多广告中现身说法，其名闻遐迩的广告金句有"唯有硬汉才能养出香嫩的鸡"和"怎么在鸡群中分辨出我家的凤凰"。这些广告引起了消费者的注意，赢得无数业界奖项，也使普度养鸡场成为全美最大的养鸡场，年收入达 27 亿美元。不只如此，他还想出其他创新点子，以支持鸡场的品牌创意商机，包括：

◎ 推出体型较大烧烤专用的鸡品种。

◎ 在产品包装上标示营养成分。

◎ 保证“不满意就退钱”。

◎ 设立消费者免费热线。

◎ 特别设计保鲜包装。

◎ 推出可装在微波盘子上的全熟鸡。

◎ 首创弹出式温度计。

（2）纳斯达克证券市场。纳斯达克证券市场创立于 1971 年，是美国第一个电子证券交易市场。到 1994 年，公司年度交易量已超过纽约证券交易所。唯一的问题是，投资人一想到纳斯达克，就会想到每日报纸上密密麻麻的数字，而非证券市场。为了改变一般人的印象，纳斯达克市场和广告公司共创了一个创意商机，就是把纳斯达克定位为“未来百年的证券市场”，由这个定位再想出创造品牌经验的想法，纳斯达克也摇身从抽象概念变为具体形象。为此，纳斯达克买下纽约时报广场一栋 7 层高的办公大楼，在大楼四周挂上全世界最大的屏幕，即时播放金融消息、市场重点新闻、广告和股价。此外，它还将办公楼的底层至 3 楼改为广播视听室，可直接把专访和各类金融消息切入电视网。纳斯达克在金融重镇纽约有了实体办公大楼，在一般投资人心目中也有了具体形象，使得表现好的股票不会轻易转投纽约证交所上市。

关键思维

创意商机源自企业策略，自然也会影响企业策略。两者会让企业在传统和新媒体之外有更精彩的发挥，成为促进消费者和品牌之间关系的最佳新渠道。

——鲍勃·施密特

了解自己到底置身于何种行业

在企业“营销短视”的案例中，最常被拿出来讨论的经典例子就是 19 世纪后期的美国铁路产业。如果当时铁路产业的领导者能了解到自己所从事的是运输而非铁路产业的话，就能掌控当时刚开始萌芽的货运、航空和仓储行业，而这些行业在今日均已价值连城。

同样，好的创意商机一定会考虑到自己所处的行业以及公司品牌的精髓。下面是几个成功的范例：

（1）星巴克咖啡。创办人霍华德·舒尔茨在赴意大利米兰出差时，从当地的咖啡馆文化中得到灵感。舒尔茨发现咖啡除了是在超市贩售的商品外，还具有另一层为大家所忽略的社交层面上的意义。星巴克给顾客提供的消费体验验证了他的点子。

（2）贺曼卡片。贺曼最初以生产各式各样的问候卡闻名，其品牌象征的是传统价值、家庭、道德伦理和高雅品位。后来贺曼和广告代理商一起想出的创意商机，是把触角延伸到故事卡、儿童识字卡和鲜花业务，这些新衍生业务一经问世就大受欢迎。

（3）MTV。音乐电视台（MTV）在 20 世

纪 80 年代问世。作为一个为音乐人和歌曲免费打广告的电视频道，这样的概念本身就是难能可贵的创意商机。当时音乐录像带早已问世多年，但大部分主流媒体都不愿播放，因为它所传播的社会信息往往教人难以接受。而 MTV 有线电视台以“我要我的 MTV”的精彩广告创意，确立了 MTV 的象征地位。MTV 的成功是因为它了解到自己既不是电视业者也不是音乐业者，而是为年轻一代提供表达观感意见和喜好的渠道。

关键思维

除非能明白自己的身份，否则你绝不可能想出创意商机；除非先了解品牌的精髓和所处行业，否则你也无法想出创意商机。不论是独自开发还是和以创意思维为核心的广告代理商合作，重要的是要确实有创意商机。唯有了解自己所处的行业，才有可能改变品牌、公司甚至行业。

——鲍勃·施密特

三　开发创意商机的流程

要开发出正确的创意商机确实困难，执行起来更非易事。若能记住下面3点，你就不会走错方向：

◎ 了解“伟大点子”开花结果的过程。

◎ 添加娱乐价值。

◎ 思考解决之道。

总而言之，就是要睿智地建构并按部就班地执行自己的创意思考。创意虽非万灵丹，却是你宝贵的资产，需要好好地加以管理、经营以及执行。

了解“伟大点子”开花结果的过程

真正有价值的创意商机需要跳跃式思考，但这并不意味着找不到思维成形的过程。企业可采取下列步骤，加强开发、执行创意商机的能力：

（1）打造优秀团队——组合各种思考方式、个性和技巧。要打造优秀团队，需要合作伙伴的加入，还需要有时间参与其中的高层领导者和一些具有创意思考能力的成员。要找到适当成员展开创意商机计划的确是种挑战，但这不过是挑战的开端而已。

（2）准备一间战情室——汇集所有与计划相关的信息。大家想到的点子可在这里提出来，战情室的墙上还可挂上各种信息、想法、消费者评论、资料、竞争对手分析、市场趋势、行业动态、追踪研究及其他相关信息。战情室可以让创意团队成员在同一时间、同一地点获得相同信息，从而开发出更好的点子。战情室应该定位为把信息孵育为市场愿景的地点。

（3）给所有成员提供相同的策略工具箱，作为创意开发的架构。这个工具箱要简单、合乎逻辑及条理清楚：

◎ 了解品牌和公司的消费者。

◎ 确认品牌目前所处状况。

◎ 辨识必须考量的关键因素。

◎ 和其他创意小组成员合作，构思创意商机。

◎ 评估发展计划是否成功。

（4）准备接受错误——创意很少能一路通行，顺畅无阻。你很可能就走进死胡同，但千万别气馁，要将这些难关视为路途中的必要转折点。

（5）重新布置办公室，以配合创意商机团队——比如敲掉几堵墙，让大家共处“同一战壕”，沟通无障碍，因为员工的工作环境对组织活动影响重大。

（6）信任员工——相信员工能想出伟大的创意商机，特别是要相信大家都会为共同目标打拼。尊重每个人的贡献，让先前的成功成为未来更大成功的基石。

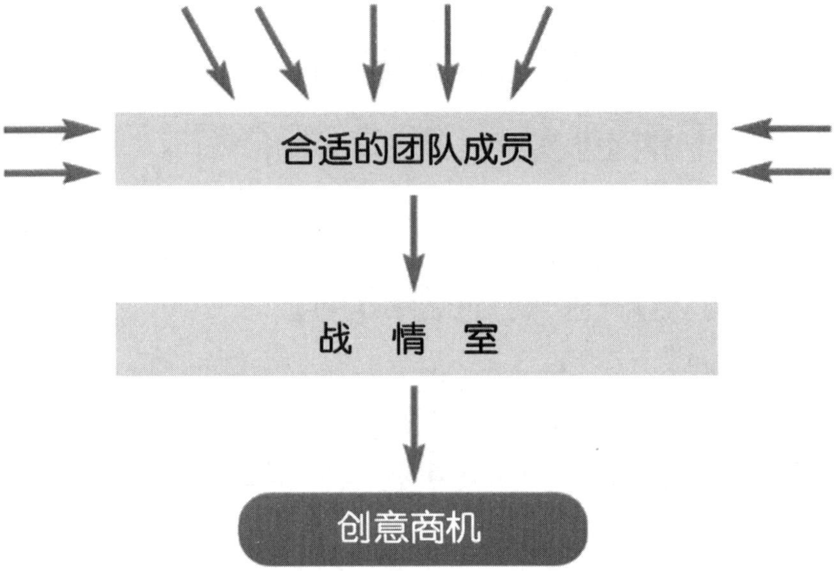

要培养对味的创意商机，你得先找到一群有不同工作技巧的成员，这群人可在战情室里齐心合作。而战情室就是汇集所有信息，让人人都能了解现状的空间。打造创意商机的过程就在战情室里进行。

员工应该如何面对创意商机的开发任务？关键是让他们专注以下 5 步骤。创意商机或许不能马上出现，但这个流程至少能让创意思考过程更条理分明。

了解品牌和消费者

↓

确认品牌目前的状态

↓

观察目标、变数和现状

↓

大家齐心协力想出创意商机

↓

评估计划是否成功

关键思维

突破性的创意思考并不能靠灵光一现，继而顺水推舟带动企业策略计划神奇出现。创意思考需要团队按部就班地合作，需要大家全心全意投入，如此一来，伟大的点子才会开花结果。这并非一般公司单凭努力就可以达成的。

——鲍勃·施密特

要想出突破性的创意商机，最好的办法就是和创意策略伙伴合作，让其把创意思考带进公司，协助你跳跃式前进。就我来看，你的最佳伙伴就是广告公司。为什么？原因很简单，哪里的创意人才会多于广告业？老天爷！一半的广告人就是在靠他们的创意点子领薪水。

——鲍勃·施密特

添加娱乐价值

娱乐已成为 21 世纪人们生活的核心。如今消费者在选择超市、银行、航空公司和餐厅时，最看中的就是它们的娱乐价值，而不仅是产品或服务的品质。很多专家认为，未来这股趋势会愈演愈烈，消费者对所购买的商品及购买场合会愈来愈挑剔。

了解到这样的趋势后，每家公司都该视自己置身娱乐界，或者说，在产品和服务中要注入更多的娱乐成分。这是很有生意头脑的做法，尤其对需要加强产品娱乐价值的创意商机来说，更是特别有用。

那要怎么着手添加娱乐价值呢？具体如下：

◎ 别老想着产品或服务，而要想想品牌体验——清楚了解自己究竟给顾客提供了什么，这和思考自己究竟置身什么行业一样重要。

◎ 思考该怎么加强品牌体验——提供前所未有的娱乐成分。

◎ 邀请几个孩子到董事会会议中来，听听他们的“趣味之谈”——从孩子们的想法中了解要如何使你的品牌体验更有趣，因为没人比孩子更懂得何为乐趣。

◎ 把顾客当成品牌体验中的伙伴——鼓励顾客提出改善产品或服务的点子。你也可以建设网站来征求顾客的意见。

◎ 眼光放长远——除了现有顾客外，还要想想该如何吸引新顾客。记住，顾客每天都能接到成千上万条信息，因此你该试试真正有意思的娱乐方法，使自己脱颖而出。

◎ 多阅读——从阅读中找出其他国家或行业的成功点子，尝试将其应用在自己的行业上。比如瑞典有家油漆公司曾拍摄过一个 时长 10 小时的系列节目，介绍室内装潢最新流行趋势。由于节目非常有趣，因此一家电视网决定播放它，最后这个节目成为该电视网史上收视率第二高的节目，也为油漆公司带进了大笔生意。

关键思维

娱乐是我们这个时代的世界语言，在全世界畅行无阻，充满吸引力，而且往往比产品本身更能吸引人。这对广告和营销必然会产生极大的冲击，进而影响我们融合智慧和想象的方式以及我们创造品牌体验的方法。在未来，如果不将娱乐价值融入创意点子之中，创意点子恐怕根本不可能执行。我们置身的是娱乐业，而第一要务就是要结合娱乐和点子。

——鲍勃·施密特

思考解决之道

许多公司并非靠大众媒体建立和传播品牌，比如：

◎ 由安妮塔·罗迪克创办的美体小铺是全球知名品牌。该公司没有广告，其企业策略是以各种运动为核心，尤其是社会和环保运动。顾客之所以认同这个品牌，是因为他们觉得自己拥有与之相同的价值观。

◎ 斯沃琪的企业策略是把手表和个性结合起来，把手表当成时尚饰品。因此斯沃琪手表很快就成为史上最畅销的名表之一。

◎ 吉百利巧克力公司开办了一座巧克力主题乐园，游客能从中了解巧克力和公司的历史，每年都有 50 余万名游客入园参观。

这告诉我们，广告并不像一些人以为的那样了不起。如果想出的创意商机能成为问题的解决之道，那么你从中获得的认可远比从广告中得到的更多。

关键思维

当面对难以克服的难关且资源有限时，你的脑子和想象力，也就是你的创造力，就成为你最宝贵的资产。曾有人问塞缪尔·贝克特（英国剧作家，1906～1989）："为什么伟大的英语作家都是爱尔兰人?"贝克特答道："孤注一掷时，只能歌唱了。"

——鲍勃·施密特

为什么21世纪的广告无法再开辟新的财源?一个世纪以前，电视创造了广告和广告代理商的新架构，为彼此创造了绝佳的机会。广告代理商可以只靠一支精彩绝伦的广告就享誉社会，有两支精彩广告就能跻身伟大广告代理商之林，有三支精彩广告就能永垂不朽。我们这些曾引领时代风华的人总怀念那时广告的清晰和单纯。或许这就是为什么在网络媒体盛行的今天，我们依然只奖励和称赞电视上的创意。具有讽刺意味的是，我们都知道电视是在逐渐走下坡路的媒体。是的，这是广告的末日，却是新事物的开端，而这个新事物远比以往更精彩，收获也更大。这是个机会，让我们开始以创意去思考更大更广的商业议题，同时在此过程中重新定义商业。

——鲍勃·施密特

四　创意思考 10 步行动

开发并执行创意商机，需要真正的勇气和开放的心胸。可喜可贺的是回报也是巨大的。不过务必要三思而行，同时也别忘了让创意真正地跃动起来。

在准备开发创意商机前，先采取以下 10 步行动：

（1）向广告说再见——集中心力开发创意商机，而不是老想着新的广告点子。以创意商机而非广告推动公司向前迈进。

（2）要求董事会成员都要运用创意思考——除非高层领导者参与计划，否则创意不可能发挥作用。要想出有价值的创意商机，公司就务必在每个阶层都推行创意思考。

（3）选择合适的创意思考伙伴——找到能和

公司相辅相成的伙伴。公司需要的是合适的创意策略伙伴，能够帮助公司平衡左右脑的思考，因此一定要慎选创意思考伙伴。

（4）不仅要注意消费者本身，还必须了解公司的 DNA——最好的创意商机总是在对这两者都有了充分了解后才会出现。尽可能让真正的创意商机浮上台面。

（5）创造能让团队成员尽情发挥的环境——扁平化组织架构。和其他成员共享的信息愈多，效果愈好。别忘了，办公环境就是企业文化的象征。推倒高墙，让大家都能积极参与创意思考，而不是把创意思考当成高层主管的职责。

（6）消除公司内画地为牢的习惯——避免限制创意思考。若你够大胆，甚至可针对当今的市场需要创造出新的商业模式。要让每个员工都有共同的目标，为自己的盈亏负责。

（7）提供娱乐价值——我们全都置身于娱乐业中。纵使有很棒的产品和精彩的沟通方式，仍然需要提供具备高度娱乐价值的品牌体验，否则顾客就会离去。现在是多媒体商业时代，打从一开始，你的所作所为就必须含有娱乐的元素，而这种元素常常比产品本身更吸引人。

（8）让人们长期参与——你要把你和广告公司的合作当成长久的婚姻关系，而非露水姻缘。唯有加强团队合作和纪律，才可能产生好的创意商机。双方要郑重承诺长期合作，否则就不要开始合作。

（9）对一切持开放态度——一旦有了私底下的动作，就不会有多大的成果。不要藏有任何秘密，要让你的伙伴参与每一个细节，了解所有隐情，那是你得到创意商机的唯一方法。

（10）要求创意思考——不要只把焦点放在广告点子或独特的销售主张上。产生真正的创意点子后，就给予“点子发明人”适当的奖励和报酬。

关键思维

创意商机是个不断演变的观念。事实上，回顾早期广告业就会发现，比起现今讲求精心设计并通过复杂媒体传播的广告，早期广告更接近真实的创意商机。

——瑞奇·罗斯，灵智精实纽约公司

不论从哪个方面来说，创意商机都需要勇气——培养、提出、正视创意商机，并为其而战。甚至连接纳创意商机的观念都需要勇气。也就是说，你必须乐于接纳并在企业策略中应用创意思考。你还必须有勇气进行创意的一跃，以从未想过的方式改变企业。然而具有讽刺意味的是，最迫切需要把创意思考带进企业的时候，人往往最难鼓起勇气。

——鲍勃·施密特

我们做的不是广告、营销或传播，而是创意，是描绘远景、创造领导力以及培养企业新机会的创意点子。要怎么做才能发挥作用，尤其是在不确定的恐惧中？就是要有勇气。不只要有为善的勇气，更要有立志成为伟大企业的勇气。

——鲍勃·施密特

当今世上并不缺少开发企业策略的高手，到处都有聪明绝顶的人才能构思、开发精彩的企业策略。然而顶尖的策略思考和创意思考之间最大的区别，就在于是否为单一方面的直线思考。在商业世界，人们总把好的企业策略定义为科学的、可协商的、可分析的、可计量与可估算的，而且量化程度愈高愈好。结果在开发企业策略时，人们都采用线性的过程，由 A 到 B 再转到 C。这个过程中欠缺的就是“跳跃”，也就是让你由 A 发展到 B，再一跃到 M 甚至到 Q 的创意想法。这样的跳跃能让你到达原本想都不敢想的地方。因此，通过创意思考构思企业策略，其结果是线性思考望尘莫及的。在广告界，石破天惊大创意的传统生成模式，是把一群充满创意的人聚在一起进行脑力激荡，直到想出绝妙的点子。在从前尚无那么多商品竞争上架机会时，这种做法或许能有效，但如今广告业者则必须想出广告之外的新点子，为顾客的业务加分增值。而这正是所谓的创意商机。

——鲍勃·施密特

局外创新

Outside Innovation

How Your Customers Will
Co-Design Your Company's Future

原著作者简介

帕特里夏·西博尔德（Patricia Seybold），帕德里夏·西博尔德集团创始人兼CEO，该公司专精于预测未来的顾客需求。西博尔德与多家《财富》杂志500强企业密切合作。她是乌干达“非洲农村女子大学”的创立成员之一，著有《e网打尽》《顾客革命》等书。毕业于美国戈达德学院。

本文编译：陈俐雯

主要内容

关键词解读

顾客共同设计

现代营销学之父菲利普·科特勒曾说，理想的营销方式是先了解顾客需求，再确定渠道、产品等策略，最后才投入生产。许多理论与研究也表明，与顾客合作有助于创新和财务绩效。

采用顾客共同设计有许多益处，例如：

◎改进创新构想——顾客能够提供第一手的市场信息、更新的想法或者节省资源的方法。

◎弥补研发能力的不足——企业在设计、测试再到商品化阶段，会有能力不逮之处，顾客参与设计，能够弥补企业缺乏的能力与资源。

与顾客共同设计商品，其实不只发生在制造业，台湾美食旅游作家韩良忆收到的一封读者电子邮件中，谈及一种法式点心：“……好像在卢瓦尔河流域的布洛瓦附近，我发现有一种外表比一般蛋挞大一点的点心。它尝起来是咸的，烘焙的蛋中有火腿和绿葱花，隐约还有芝士的香浓……”韩良忆当时正好在附近旅行，于是赶紧前往品尝这种名为“洛林蛋挞”的法式点心。这种糕饼很适合午间享用，韩良忆由此联想到法国作曲家德彪西的“牧神午后前奏曲”，这是韩良忆很喜欢在午后时分聆听的曲子。就这样，一封读者的电子邮件，促成了洛林蛋挞和德布彪的创新结合：法国乡郊的牧神午后——经典咸蛋挞延续美食历史，并附上法式火腿葱花派食谱与音乐菜单。

顾客情境

在与普哈拉合著的《顾客关系管理》一书中，西博尔德提出了“顾客情境”的概念，认为企业通过想象顾客可能遇到的挑战，就可以找出顾客在某个时间点的特定需求，从而找到对顾客更有利的方法，为顾客创造价值，进一步赢得顾客忠诚。

所谓顾客情境是指，顾客在选择、实际购买以及使用商品时的广泛背景因素。例如，同样是上门选购新冰箱的顾客，看来没有差别，但是第一位顾客的旧冰箱在昨晚坏掉了，急需买台新的，目标是不让冰淇淋融化。第二位顾客则是要为新居配台新冰箱，目标是让新居装潢更有整体感。面对同样来购买冰箱的顾客，其具体需求不同，销售人员提出的购买建议（解决方案）就应该不同。对企业来说，具体做法包括：

（1）找出对顾客最有价值的服务，优先执行。

（2）了解顾客背景，发掘需求。

（3）赢得顾客的忠诚。

（4）以同理心体会顾客的感受。

（5）观察并记录顾客行为。

（6）分析归纳。

（7）注重顾客服务。

5分钟摘要

产品研发团队中的要角

要创新，当今最有效的方式就是向最支持自己的顾客开放公司，让顾客成为公司整体创新流程中不可或缺的要素，成为产品研发团队中的要角。

采用由外而内的做法进行创新，会比想尽办法找来最聪明的产品研发人员更有效。只要提供有效的工具，聪明的顾客就能创造出更具吸引力的产品，其效果是公司研发所无法比拟的。

让顾客有更多机会参与研发，不仅可以培养一批对公司产品狂热的忠实顾客，还能够为公司激发出一股庞大的力量，催生新产品与服务、开发新市场、规划出更扎实的新运营模式，最后甚至可能扭转整个行业。创新领域正在发生深刻的改变，要让事业在未来屹立不倒，就必须邀请顾客参与产品研发过程。

关键思维

所谓局外创新就是由顾客主导规划公司的运营流程；就是让顾客卷起衣袖，跟公司一起设计符合其需求的产品，共同规划公司的服务模式；就是让顾客号召其他顾客，以公司的产品与服务为基础，打造出生气勃勃的顾客导向生态系统。好消息是，在各种创新流程之中，顾客主导创新是最有可能成功的一种；坏消息是，有许多经理人与高层主管仍然不相信这种创新流程。目前这只是这些经理人的损失，但在将来却可能导致他们的失败。

——帕特里夏·西博尔德

一　顾客的类型

如果你打算采用顾客主导创新，应该努力号召下列5种类型的顾客：

1. 领导型顾客
   常常主动发明新的解决方案
2. 贡献型顾客
   非常乐意贡献自己的心血结晶
3. 顾问型顾客
   能够提供深度的专业见解
4. 指导型顾客
   能够帮助其他顾客解决问题
5. 推广型顾客
   非常热衷于推广公司的品牌和产品

局外创新的秘诀在于尽可能用各种方法为企业吸引上述5种类型的顾客，从而让最具远见的顾客协助自己，由外而内重新规划公司的各个方面。

顾客在创新过程中扮演的角色

（1）传统创新。传统创新做法如下：

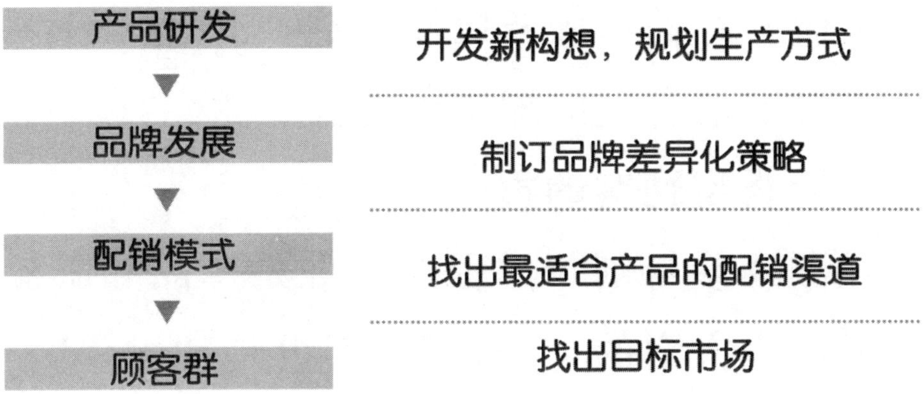

（2）局外创新。如果邀请顾客参与产品研发流程，创新过程就会出现明显的改变，如下图所示：

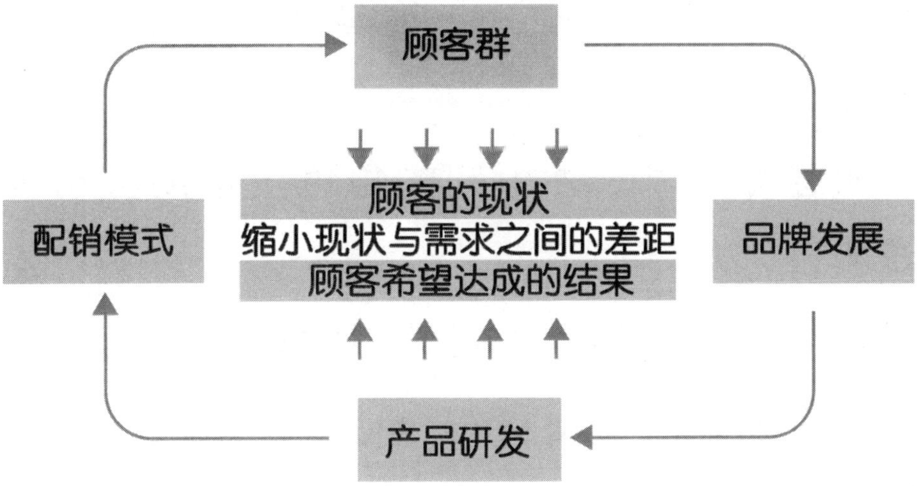

具体来说，局外创新的流程如下：

◎ 找出顾客群以及顾客希望达成的结果。

◎ 决定自己希望营造的品牌体验。

◎ 研发产品与服务以实现这种品牌体验。

◎ 决定最合适的配销渠道。

不同类型顾客的贡献

让顾客参与创新过程的好处是产品和服务等会变成解决方案的“配角”，不再是“主角”。这种状况对企业有利，因为企业往往会把商品视为一切运营的核心，然而顾客真正在乎的却是这些商品能解决什么问题。只要帮助顾客缩小现状与实际需求之间的差距，不论是什么产品或服务，顾客都愿意使用。

顾客可能以5种不同的角色，帮助公司规划创新项目，具体如下：

(1) 领导型顾客。领导型顾客会主动研发新的解决方案，研发出更符合他们需求的商品。只要观察这类顾客，注意他们的研发成果，或许就可以开发出值得商品化的新产品。方法如下：

◎ 尝试向顾客提供工具，让顾客可以扩充、改良公司的产品与服务，或者进行定制化改造。

◎ 接触领导型顾客，了解他们的想法、做法以及他们希望达成的结果，将其用于产品研发。

案例：乐高集团

乐高集团是世界上最大的玩具制造商之一，主要生产积木玩具。曾有位名为弗雷德·马丁的麻省理工学院研究生发明了一种“可程序化积木”，可使乐高的玩具（如机器人等）不必加装任何连线，就可控制动作。乐高密切关注这项发明，1997年推出的被称为“乐高脑力风暴”的机器人即用到了这项发明，这款机器人成为乐高创立以来最畅销的产品。其后，黑客以及其他乐高玩家为“乐高脑力风暴”开发出各种惊人的应用，譬如饮料贩卖机、马桶清洁机器人等。这项产品造就了乐高玩家社区的出现，顾客可以参与到下一代产品，也就是“脑力风暴第二代”的研发工作中。

（2）贡献型顾客。贡献型顾客会贡献自己的心血结晶，造福他人。举例来说，贡献型顾客可能在你公司产品的基础上研发出新设计，接着把自己的创作成果大方地提供给他人。贡献型顾客乐于解决各种新产品或概念中存在的瑕疵，也自愿测试新产品或概念，同时非常乐见他人使用自己的构想。贡献型顾客或许会获得一些报偿，但这不是他们最主要的动机，他们喜欢他人赞美自己的技能与天分。为了鼓励更多贡献型顾客加入创新，可采取下列做法：

◎ 建立网上社区，让这类顾客能够互相认识，互通有无。

◎ 肯定贡献型顾客提出的构想，不论这种肯定是来自自己公司还是其“同道中人”。一旦贡献型顾客觉得自己受到赏识，未来他就会贡献出更多构想。

案例：美国国家仪器公司

国家仪器公司通过销售虚拟仪控设备，也就

是模拟实体科学仪器功能的程序，创造了超过5亿美元的年营业额。该公司在网上设立了名为“研发特区”的分享区。这个分享区非常热门，其中存放了各种笔记、样本与应用程序，供网友免费使用。科学家、工程师与研发人员都会在“研发特区”贡献自己的构想，希望其他网友能够采用并进一步发展。

（3）顾问型顾客。顾问型顾客对于自己有兴趣的特定领域，具有高度的专业素养，因此能提供精辟的见解与指导。顾问型顾客的成就感来自看见现状因为自己的指引而获得改善。要善用顾问型顾客的才能，可以采用下列做法：

◎ 招揽顾问型顾客进入公司，分析公司必须进行哪些取舍，并且请他们在下一代产品上市前为产品把关。

◎ 鼓励顾问型顾客进入设计团队，与产品研发人员紧密合作。

案例：美国贺曼卡片公司

贺曼卡片公司在 2001 年设立了名为“贺曼构想交换所”的网上社区，搜集顾问型顾客的建议并从中发掘能够商品化的新构想。网上社区的成员会广泛回应贺曼公司提出的各种问题，例如定价、营销策略与产品需求等。目前这个社区一共有 500 多名成员，部分成员还加入了贺曼公司的委员会、设计团队与顾问团。

（4）指导型顾客。指导型顾客喜欢为其他顾客提供建议，他们乐于解决问题、提供见解并且帮助其他顾客掌握复杂的产品线。指导型顾客喜欢过滤、分类、组合、检查市面上各种商品选择，也很愿意开发新事物，帮助其他顾客从混乱中理出头绪。要充分运用指导型顾客的能力，可以采用下列做法：

◎ 设立网上论坛，让指导型顾客可以发表产品评论，也可供网友了解和参考。

◎ 请指导型顾客协助公司，规划出合理的产品分类系统，然后用最合适的方式建构公司的产品线。

案例：美国史泰博公司

2002年，办公用品零售商史泰博了解到，公司在网上销售市场表现平平，原因是该公司的产品分类十分混乱。于是史泰博举办了一场活动，邀请5000名顾客为产品重新分类。结果，产品种类从24种减为17种。此外，由于产品分类是由顾客投票决定的，这意味着未来会有更多顾客按照类似的分类方式寻找自己需要的产品，结果史泰博官网上的销售量出现了两位数的增长。史泰博还在网站上推出网上导购，指引各种类型的顾客使用网站。史泰博的此类做法及以顾客为导向的构想，使公司2005年网上交易额达到了38亿美元，同比增长27％。

（5）推广型顾客。推广型顾客十分热爱你的产品、品牌与公司。这类顾客非常乐意帮你宣传，也很喜欢开发新构想，帮助你争取更多的顾客。简而言之，这类顾客就是你公司产品的忠实支持者。要鼓励推广型顾客加入创新，可以采用下列做法：

◎ 提前向推广型顾客介绍即将上市的产品，让他们为产品引来讨论热潮。

◎ 请推广型顾客提供构想与建议，帮助公司缩短顾客接受下一代产品的时间。

案例：美国大嘴猴服饰

大嘴猴服装公司设立于美国波士顿，是专门销售嘻哈服饰的零售商，主要客群的年龄为18～30岁。大嘴猴设立了名为Karmaloop.com的网站，让粉丝能够在网站上买到该公司的服饰。它在全球拥有5000多名热情的“趋势观察员”，为其进行推广、促销。这些趋势观察员通常非常时髦，也很关心时尚。在口碑营销的推波助澜之下，该公司的业绩在7年之内大幅增长。虽然只有20名员工，但却拥有遍及40个国家超过75万名的顾客。该公司是私人企业，并没有公开营业额，不过很容易发现，这是一家正在成长的成功企业。

关键思维

有两个原因让顾客愈来愈想获得定制化产品：第一是定制化产品更符合顾客的需求，第二是定制化产品给予顾客发挥创意的权利。

——帕特里夏·西博尔德

你会发现，顾客与使用者在你的生意中扮演了多种角色。他们的所作所为并不是为了取悦你，而是一种自发的行为。他们重视的不是为你的企业带来什么助益，而是为他们自己带来什么助益。你应该让他们尽量多扮演各种适合他们的角色。要评估自己是否充分善用顾客的创新能力，可以评估一下在公司规划运营方面，顾客分别扮演了几种角色。只要观察有多少员工和部门在与扮演不同角色的顾客互动，就可以判断企业文化进步的程度。

——帕特里夏·西博尔德

不要只是在官网上设立论坛，你还要延揽并鼓励一群适当的顾客，请他们担任组织的顾问，让他们与其他顾客进行持续的讨论。你必须订出规则让参与讨论的顾客有所依循，此外还要明白交代自己希望顾客发挥什么作用。要想观察顾客针对自己行业或产品进行的讨论，就要让顾客知道你在时时管理着这个论坛，能够确保讨论顺利进行。你要在论坛上澄清各种谣言，但也要抗拒捍卫产品的冲动，如果听到负面意见，就要从中吸取教训并且修正相关问题。

——帕特里夏·西博尔德

你要去思考各种不同的运营模式，找出适合不同层面的运营模式。顾客能够帮助你构思运营模式，给你提供指引，同时分享他们的个人体验。

——帕特里夏·西博尔德

二　顾客主导创新的步骤

了解顾客的创新能力之后，接下来就必须设法利用这项资源，推动企业成长。要善用顾客主导创新，可以依循下列5大步骤：

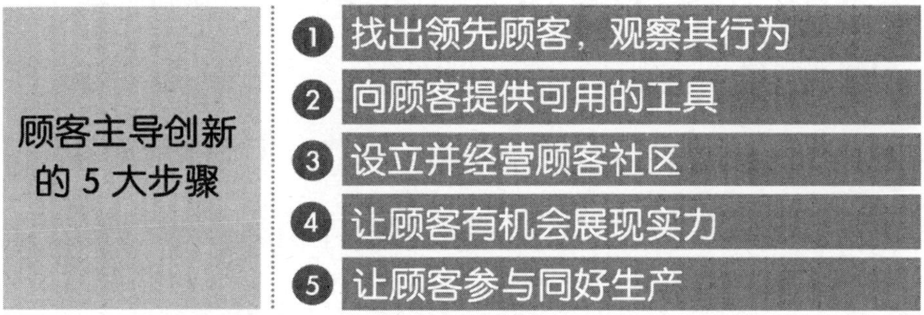

找出领先顾客，观察其行为

要进行创新，最快速有效的方法就是善用明智顾客提出的创意和构想——这些顾客非常喜爱你所属的行业，而且对这个行业也有深入的了解。只要观察这些顾客在日常生活中使用公司产品或服务的方式，询问他们真正希望达到的目标，就可以得到非常宝贵的见解。

如果幸运，你或许会发现，忠实顾客的创意可以推动公司向前迈进。要善用顾客的创意，最有效的方法有下列几种：

（1）研究顾客实际使用商品的状况——为了达成他们的目标，到底是怎么使用公司产品的。要观察，不要问顾客："你希望我们的商品发挥什么作用?"要全力找出"你希望达成什么目标"这个问题的答案。

（2）鼓励企业上下用心深入了解顾客——最可行的做法是，让企业员工通过网络取得各种顾客信息。有些企业会设计出"标准顾客"，也就是典型顾客，再把"标准顾客"的资料分发给公司所有员工。

（3）用心发掘顾客最热烈关切的事——不能只简单了解公司产品中他们喜欢哪些部分，不待见哪些部分。你还要了解顾客希望达成什么目标以及怎么打动顾客的心。

（4）找出合适做法，简化重要的顾客情境——设法进一步协助顾客达成目标。显然，如果能够了解顾客真正希望达成的目标，就能发挥创意，让顾客通过公司的产品和服务更容易地达成目标。这可能需要重新规划运营流程甚至整个运营模式。但只要有可能，就一定要这么做。

（5）让顾客参与规划理想的情境与解决方案——请顾客一起设计自己喜爱的产品。

（6）根据自己提供的顾客体验打造品牌——在顾客看来，顾客体验就等于公司品牌。最好让品牌承诺、顾客体验与顾客情境一致。只要做到这一点，公司就会因为有能力让顾客满意至极而更上一层楼。

案例：美国软件供应商 Koko Fitness

Koko Fitness 软件公司是一家新创企业，2006 年春天才推出第一项产品。该公司针对运动设施开发整合软件。顾客会拿到一把钥匙，只要上健身房，就能用这把钥匙开启各种健身设施。Koko 软件能够追踪使用者的健身情况和进度，自动设计并调整个性化的训练课程，帮助使用者达到健身目标。

案例：英国 P2P 金融服务商 Zopa

Zopa 是在英国成立的网络企业，往往被形容成银行业的 eBay，是借款人与放款人之间的桥梁。大多数借款人都是自由职业者，不符合传统金融机构的放款标准。而放款人则希望在帮助别人达成目标的同时，还能赚取合理的报酬。在 Zopa 的帮助下，6.3 万笔贷款业务顺利完成，吸引到许多媒体的正面报道。它又向创投业者募集了 1500 万美元资金，准备在美国成立分公司。

向顾客提供可用的工具

如果顾客能够轻松利用公司的产品与服务，规划出符合自己需求的解决方案，你就可以了解顾客真正希望达成的目标。要做到这一点，最有效的方法通常是向顾客提供可用的工具，让顾客自行规划，你不必插手协助。

向顾客提供可用的工具，让顾客自行规划，能够带来下列几项重要益处：

◎ 把产品研发计划中最困难的步骤，也就是确切找到顾客目标或需求交给顾客自己负责。

◎ 让顾客利用你的技术以及他们对行业的深度了解，创造出高度个性化与定制化的解决方案。

◎ 许多顾客喜欢采用自助式的方法。

◎ 公司员工也可以运用该工具为顾客创造出定制化的解决方案。

◎ 顾客可以自行调整或定制化最后的解决方案，这两种方式都能为公司创造价值。

可用的工具依产业不同而有各种不同的形式。常见的包括下列几种：

◎ 产品挑选器——一种互动式电脑软件，顾客可以通过一连串的菜单选到最适合的解决方案。

◎ DIY 工具包——让顾客自己选取“零配

件”，搭配出喜欢的产品组合。

◎ DIY 研讨会——教导顾客怎么创造出自己的产品。

◎ 共同设计工具——让顾客参与活动，发表他们对“完美解决方案”的看法。

◎ 知识平台——让顾客不必了解一大堆背景资料就可以想出可用的产品。

上述各种工具能够促进顾客进行创新，也非常适合用来观察顾客的下一代产品构想。如果顾客发挥天马行空的想象力，想出跟之前完全不同且功能更强的产品，那么你或许就可以把这个构想当成指引，找到自己未来的研发方向。

绝佳的顾客工具是开放性的，而且具有高度的弹性。你最好能观察顾客的行为，了解顾客怎么使用、定制化、调整并改良你所提供的工具。如果能够掌握这些改善的做法，就能找出未来事业获利的关键。

案例：美国通用塑料公司

通用塑料是一家市值70亿美元的全球性企业，生产数千种涂料树脂、塑料板与高分子聚合物。通用塑料在1999年推出称为ColorXpress Select的网络自助服务，让顾客自行设计出自己需要的颜色与特殊效果，然后再把这些颜色或效果“实物化”在塑料产品上。通过这套系统，公司可以在一天之内生产出定制版色卡、树脂粒样品以及产品原型的零件。通用塑料的年营业额因此出现惊人增长，2004年的营业额达到83亿美元，其中利润为7.2亿美元。许多人把此增长归功于这项服务创新。

案例：美国SEI财富网

SEI财富网是一家金融服务公司，主要服务对象为拥有300万～1亿美元资产的顶级顾客。为了解顾客的财务目标、风险承受度、慈善捐献意愿以及现金流需求，SEI并不会对顾客进行冗长的访谈，反而会让顾客玩一种类似大富翁的桌上游戏。这个游戏内包含一组工具，等到游戏结束，SEI 的理财顾问就可以完全掌握顾客需求、财务目标以及希望达成的结果，然后再针对顾客的个别需求，规划出可行的理财计划并执行。

设立并经营顾客社区

只要努力融入顾客参与的社区，就能获得许多新鲜构想，从而设计出顾客愿意购买的创新产品。事实上，使用顾客社区还可以延揽顾客。

（1）灵活运用顾客社区。要想发挥顾客社区的最大功效，就必须结合网上讨论与面对面聚会两种方式。网上社区可以让企业与顾客定期联系，而特定主题的面对面聚会则更是企业构思新产品和确认顾客喜好的绝佳机会。

顾客社区的应用方式很广，包括：

◎ 脑力激荡，开发新的解决方案。

◎ 共同设计下一代产品或服务。

◎ 解决新产品的瑕疵并进行测试，直到新产品可以上市为止。

◎ 规划运营策略。

◎ 帮助自己厘清运营上的优先事项。

◎ 追踪顾客满意度。

◎ 发挥早期预警功能，提醒自己注意各种潜在问题。

◎ 找出最具成长潜力的新兴利基市场。

◎ 彰显顾客努力的成果。

（2）开放源代码。要验证顾客社区对共同设计产品的影响，最有用的或许就是研发开放源代码软件（开源软件）。以下几项产品，即使不完全是使用者社区研发出来的，也是应使用者社区需求而问世的，包括：

◎ 电脑操作系统软件 Linux。

◎ 网络浏览器 Mozilla Firefox。

◎ 大型企业电话交换机系统软件 Asterisk。

◎ 生命科学的开放式研发组织 BiOS Initiative。

◎ 网上百科全书维基百科。

在上述产品中，顾客在改善与创新的研发工作上扮演了非常积极的角色。顾客的自愿奉献是为了赢得同好的赞赏，而不是金钱等诱因。你的使用者社区可能与上述社区有所不同，但还是可以借鉴其做法。

（3）建立顾客社区的步骤。努力邀请“领导型顾客”加入，让其享有特权，例如可以直接接触到高层主管或重要的设计人员。领导型顾客应该是最有能力做出贡献的人，而不是财力最雄厚或声音最大的人。

让领导型顾客实际协助你规划公司运营，但要小心谨慎地监督合作的成效。记得追踪下列几件事：

◎ 企业给了领导型顾客多少帮助？

◎ 跟顾客社区的合作为企业节省了多少时间？

◎ 在运营上获得了哪些突破？

◎ 简化了哪些流程？

◎ 企业进入了哪些新市场？

◎ 合作产生的新解决方案带来了多少价值？

欢迎顾客提供意见与构想，但还要保留最终决策权。要记住的是，企业的经营目的毕竟是盈利，所以一定要让贡献构想的顾客得到实质益处。还要明确表示，只有企业才有把社区中交流的构想商品化的权利，要一开始就把游戏规则说清楚，以免出现争议。

案例：美国卡夫食品公司

2003 年初，卡夫食品公司建立了一个网上社区，邀请 250 名女性加入。卡夫请社区成员提供有关健康与养生的构想，在讨论后公司了解到，女性比较在意控制食品的分量，而不太在乎食品是否是减肥食品。有了这层认识之后，卡夫为旗下主打品牌设计了热量 100 卡的包装规格，这种包装在 2004 年 7 月上市，结果不到 1 年，业绩就冲到 1 亿美元。在竞争对手仍然把重心放在推销减肥食品的情况下，卡夫大获全胜，因为该公司把产品定位为热量只有 100 卡的小零嘴。卡夫发现消费者的意见非常有用，于是把顾客社区扩充到 5 个，在量产产品之前，公司都会先在这些社区之中提出构想。卡夫员工把这些使用者社区称为“消费者频道”。

让顾客有机会展现实力

对贡献型顾客来说，最有效的激励方式就是设立论坛，让顾客向同好展现自己的聪明才智。大多数人都喜欢别人称赞自己的才智与创意。如果善加利用这种倾向，就能大大提升顾客主导创新成功的机会。具体可以采用下列方法：

（1）让顾客有机会创造并贡献成果——你可以设立网上展览，让顾客参与创造的杰出产品有展示的空间。

（2）向顾客提供有效而方便的分享工具——这通常不难，只要建设网站，让顾客能够上传发表自己的成果就可以了。顾客也能从中获得内心渴求的肯定。千万不要低估人类自尊心的力量。

（3）从使用者社区里招揽专业人才，让他们为公司产品注入专业知识，也可请他们替公司找出有趣的新趋势，并在荒谬的构想具体落实之前将其揪出。如果同时指派员工与这些专家型顾客合作，公司的“成果展示论坛”就会变得实在而有价值。积极鼓励顾客组织、过滤、归纳各种信息，企业也能从中洞悉顾客的思考方式。

（4）努力从顾客提供的成果中看出新趋势——这很有可能就是公司未来发展的方向。老实说，你永远不会知道下一个绝佳的事业构想会从哪里浮现出来。一般说来，要抓住乍现的灵光，一个不错的办法就是密切注意有哪些新趋势正在改变经营环境。听取顾客提出来的意见是个理想的方法，可以让自己时时了解最新状况。

（5）如果情况允许，就让顾客有机会销售自己的成果——可以在公司的赞助下由顾客直接销售，也可以把顾客的成果纳入产品线，然后支付使用费。

要记住的是，建立顾客社区并不只是请顾客对公司的产品或服务发表意见，更要营造出一个让顾客展现创意、见解与观点的平台。只要有效地做到这一点，顾客就会创造出其他成果，而这些成果可以为公司和他们自己创造额外的收入来源。

顾客都希望能够立言、受到肯定，还希望他人能够了解自己的见解，不希望自己被视为泛泛之辈。顾客也愿意针对其他顾客的成果提出意见与评论。有些企业在这方面做得非常成功，它们让顾客针对其他人的成果进行投票，从而有效凸显最杰出的成果。或许你也可以在“成果展示空间”里加入这种机制。

案例：思科系统公司

1993 年，思科公司开始把技术支持部门接到的咨询电话内容全部张贴在顾客支持网站上。思科原本希望有类似问题的顾客可以先上网了解解决方案，然而实际结果却是思科没有想到的：

只要网站一贴出新的问题，往往还没等思科的技术人员反应过来，就会有顾客代为回答。到1997年，这个后来被称为“思科网上联络站”的网站，平均每星期可以解答4500项技术问题。这个网站对思科、顾客以及渠道伙伴来说，很快就变成技术信息的交流之地。今天，这个网站已经成为“网络系统人员交流站”，每星期约有1.8万名网友阅览。网友不必寻求思科的协助，就可以找到答案。

案例：网络相册 Flickr

网络相册 Flickr 成立于2004年2月，网友可以在网站上储存、编辑并且展示自己的摄影作品。该公司一开始不过是小本经营，却在短短1年内吸引了23万名热情的用户。每位用户每年支付60美元即可以使用网站提供的服务。到2006初，Flickr 的注册用户已经超过250万名，储存了一亿张相片。雅虎在2005年初以不菲价格收购了 Flickr 公司。这个网站特别受半专业摄影师的欢迎，因为它有很大的弹性，让用户有一定的发挥空间，可以自由编辑、分享、加入图片说明，此外还可以出售作品的版权。

让顾客参与同好生产

现在的顾客不喜欢被当成销售数字，他们更希望卷起袖子，了解公司的运营流程并在产品的生产过程中“插一脚”。不要抗拒，要善用这个趋势，构思出卓越的新产品构想。只要相信顾客创新，把产品交给顾客调整，就会收到很好的成效。

最典型的例子就是乐高。该公司在 1997 年推出脑力风暴这项产品时，主要目标顾客定位为儿童。在 1998～2005 年，乐高一共售出超过 100 万组可程序化积木，其中将近 70%都是成年人买来自己玩。各种讨论群很快如雨后春笋般出现，顾客开始交换想法，讨论要怎么破解或修改积木的程序密码。乐高并没有打压这股风潮，反而决定跟着顾客的兴趣走。很多人都认为，乐高历经好几年的亏损低潮，能够在2005年转亏为盈，就是得益于这个决定。

事实上，乐高已把脑力风暴产品未来的研发走向完全交给网上的使用者社区。乐高开放了软件的源代码，让使用者更方便升级与改进。公司会征询顾客对下一代产品的意见。顾客的建议相当有影响力。顾客还会热切、深入地为乐高测试产品。

要积极促成同好生产，可以采取下列做法：

（1）事先规划——让公司产品具有弹性，能够由顾客进行定制化或修改。

（2）制订规则，让顾客有机会创作衍生品——即使必须稍加变通。顾客会希望创造专属自己、独一无二的产品，所以不同顾客的产品之间会有些许差异。要在一开始就预料到产品研发可能走自己从没想到的方向，对此要能欣然接受。

（3）建立架构，让使用者社区可以顺利研发产品——规则要足够清楚，而且社区要保持开放、透明。要向社区成员说明哪些行为是允许的，哪些不是。必须建立起妥善的管理制度，让企业保有最后决定权，既能决定产品研发的走向，又不会在无意间扼杀了可能大卖的创意。要达成上述目标，最可行的做法是制订奖励办法，让顾客了解到，在构想生成过程中，他们大可天马行空，按照自己的意思规划新的发展方向。

案例：美国创意设计 T 恤专卖店 Threadless

Threadless 是一家 T 恤专卖店，顾客除了可以定购 Threadless 的 T 恤外，也可以向公司提供新 T 恤的设计构想，自己设计 T 恤。Threadless 每星期都会挑选几款顾客设计进行生产，供其他顾客选购。每位获选的顾客设计师都可以获得 1500 美元现金、500 美元礼券以及价值 200 美元的“本月 T 恤”俱乐部入会资格。Threadless 创立于 2000 年，到 2006 年，其营业额已经达到 200 万美元。该公司总共只有 4 名员工，每星期推出 4～6 款新 T 恤。Threaless 并没有专属设计师，完全靠顾客的设计和构想来生产新 T 恤。

案例：日本零售商无印良品

无印良品是日本知名的零售商，拥有自有品牌“阳春”，销售 4000 余种产品。该公司最为人称道的就是会邀请顾客共同设计产品。事实上，无印良品每个月会收集到超过 8000 种的新产品构想，有些通过电子邮件，有些写在产品目录中附带的明信片上，还有一些则是来自员工随身携带的建议笔记本。从 1999 年开始，网友可以到无印良品的官网提出产品构想，然后再由顾客投票选出最杰出的构想，最后将呼声最高的构想付诸实践。因为这种开放的做法与良好的互动，无印良品的营业额在过去几年内增长了约 15%，该公司也成为日本零售行业中耀眼的成功典范。

三　顾客主导创新的挑战与陷阱

挑战

要遵循顾客主导创新的步骤，企业还面临以下 5 项挑战：

（1）说故事——你必须懂得说故事，故事内容包括顾客的背景、碰到的问题以及顾客设法自己研发解决方案的过程。每次开会时都要请业务人员谈谈顾客目前在利用公司的产品进行哪些古怪又新奇的创新。你要把说故事变成公司的传统。在网站上对顾客的创新给予支持和祝贺，顾客会对此热烈回应。

（2）打造活跃的顾客社区——分配资源进行这项重要活动。你可以效法 eBay。eBay 有些员工非常了解特定顾客群，有些员工则负责管理各个讨论区。eBay 员工就像顾客和公司之间的桥梁，让所有人都能同心合作。

（3）推动顾客共同设计的计划——必须培养专业能力，让自己能够与一群领导型顾客坐下来，设想要在下一代产品或服务中，整合进哪些元素。这种专业能力不同于销售能力，也不同于解决问题的能力。推动共同计划的负责人头脑要清楚，还要懂得倾听且能敏捷思考。他必须跳出过去的框架，同时让计划向适当的方向发展。要找出具备这种能力的员工，并对他赋予重任。

（4）开放产品研发流程——如果你希望领导型顾客提出有意义的建议，就必须揭开公司研发计划的神秘面纱。不要让研发团队死守自己的圈子，要让他们多接触各种顾客信息与意见。要让领导型顾客有权否定他们不喜欢的新产品构想，长期下来这可以为公司省下许多支出。

（5）熟练运用同好生产与推销——要懂得规划、推动顾客参与研发计划。你会很惊讶地发现，顾客竟然那么愿意为公司解决复杂又具有挑战性的问题。与其压制这种热情，不如积极接纳。让顾客构思解决方案，然后给他们足够的空间思考并向同好推荐这项解决方案。

陷阱

除了必须应对上述 5 项挑战之外，还必须避开下列 5 种陷阱：

（1）品牌权益遭到侵蚀——不要让顾客任意糟蹋自己的品牌或是做一些无助于品牌发展的事。如果有顾客想采用不适合自己品牌的做法，要懂得用幽默含蓄的方式婉拒，坚持品牌应有的方向。如果有竞争对手伪装成顾客，那么你更要维护品牌。在让顾客强化自己品牌理念的同时，还要记得谨慎维护自己的品牌精神，妥善管理品牌形象。

（2）顾客行为引发意外结果——几乎顾客提出的所有创新最后都会造成意外的结果，问题发生时，唯一能够化解的方法就是幽默与道歉。如果状况变得棘手或是失去控制，就要先抽身而出，然后调整做法再试一次。就算过程中会出现小问题，也不要因噎废食。

（3）靠知识产权保护的运营模式——时至今日，机械拆解然后仿制的逆向工程变得愈来愈容易，这使得企业很难靠“独家秘方”获得成功。而把顾客提出的构想商品化就更是如此。尽可能寻求各种法律保障，但还是要把心力放在创造价值上。这点才是顾客最在乎的。我们都知道，顾客关心的是你能够为他们带来什么利益，不会在意你拥有哪些知识产权，更何况快速创新要比申请专利有趣得多。

（4）靠锁住顾客来经营企业——长期下来，这是绝对行不通的，顾客终究还是愿意“尝新”，转而购买其他公司的产品。要维系顾客，就要向他们提供新鲜而有趣的品牌体验，把原本用来“筑围墙”的时间和资源用来强化品牌。

（5）商品定价流于大路货的水准——开放顾客加入产品研发流程，并不表示产品就必须降价出售或是免费奉送。事实上，逆向思考才是正确的。顾客愈多投入定制化与改善产品的过程，公司为顾客带来的价值就愈高。许多企业在顾客加入研发之后发现，参与研发的顾客会转而采购利润更高的产品，因为顾客更能认同公司提供的价值。尝试采用适合特别顾客的新定价模式，尤其是针对那些愿意卷起袖子、参与共同设计的顾客。这些顾客希望帮助你，而不是准备帮倒忙让你在未来无法生存。

你有没有认真想过要邀请顾客来设计某一种产品？难道你不认为顾客可能比你更了解广大顾客的需求吗？如果你准备举办设计比赛，一定要请顾客投票决定比赛结果。想想看，在许多行业里，只要顾客在保有知识产权的前提下获得肯定与奖励，他们就会非常愿意分享自己的设计。你可以运用顾客的设计，让他们持有专利，同时能通过生产与经销这些产品获利。

定制化的解决方案能够有效吸引顾客共同参与设计。你最好确保顾客可以很方便地扩充或修改自己建议的解决方案，从而促使顾客创新，自己也可从中获取新的产品构想。也就是说，只要支持这些顾客组成的社区，让他们很方便地彼此分享构想，你就有机会捕捉到顾客社区的即兴创意。

关键思维

所有的创新都应该是顾客主导创新？当然不是。推动公司发展的创新很多还是来自研发或自己努力解决棘手问题时迸发的灵感。那些让顾客会心一笑的创新，很可能只是误打误撞的结果。生命中美好的事物，并不都有特定目的。有些事物，如美食或令人愉快的娱乐、游戏或服饰，都是从惊喜、错误或是突发奇想中诞生的。我的目的不是要劝你停止其他形式的创新，而是希望你考虑各种可行的方法，善用顾客与生俱来的研发能力，带动公司成长。

——帕特里夏·西博尔德

突破从何而来

How Breakthroughs Happen

The Surprising Truth about
How Companies Innovate

原著作者简介

安德鲁·哈格丹（Andrew Hargadon），美国加州大学戴维斯分校企业研究中心教授，致力于科技与创新管理研究。曾担任 IDEO 设计公司和苹果公司的工程师、设计师，也曾任惠普、耐克与信息系统商 Sabre 研发实验室的顾问。毕业于斯坦福大学。

本文编译：邱约文

主要内容

关键词解读

重组式创新

现代客机把稳定翼安装在靠近机身头部，把螺旋桨放置在机尾，用螺旋桨推动流线型机身，既增加了飞行速度，又提高了飞行安全性。如果把螺旋桨和稳定翼的位置颠倒一下，也就是把螺旋桨放置机身顶部，稳定翼安装在机尾，客机就成了直升机，这就是重组式创新的思维方式。

经济学大师熊彼得将创新定义为：把各种已发明的生产要素，发展为社会可以接受并具备商业价值的“新组合”。爱因斯坦也说：重组是创造性思维的本质。有学者对 1990 年以来国内外的 480 项重大科技创新进行分析，发现其中重组式创新占了 65%，如微软从 DOS 到 Windows 系统的进化就是其中一例。

对此，有学者提出了“12个聪明方法”，可以作为重组式创新思维的依据：

（1）加一加，能在这个东西上添加些什么。

（2）减一减，可以在这个东西上减掉些什么。

（3）扩一扩，把这个东西扩张会怎样。

（4）缩一缩，让这个东西缩小会怎样。

（5）变一变，改变形状、颜色、声音、气味或是组合次序会怎样。

（6）改一改，这个东西存在什么必须改进的缺点。

（7）联一联，把某个东西或事物联系起来，可以达成什么效果。

（8）学一学，模仿其他事物的结构、原理或技术，会有什么结果。

（9）代一代，有什么东西能被其他事物代替。

（10）搬一搬，把这些东西搬到别的地方，能不能有其他用处。

（11）反一反，把一件东西正反、上下、左右、前后或里外颠倒一下，会有什么结果。

（12）定一定，为解决某项问题或改进某个东西，需要规定些什么。

创新人才

英国心理学家克顿在1976年提出了KAI量表，用来评估个人的创造力，量表的两个极端分别是“适应者”与“创新者”。在创新者的视野中，没有规则与现况的羁绊，他们能够提出突破性看法，并且通过自己的观察发现问题或解决问题。

然而，跳开规则并不表示恣意冒险，管理学大师德鲁克反而认为，成功的创新人才都是“保守派”。有一次在一场创业家座谈会中，德鲁克听了几位心理学家发表的报告。这些心理学家不约而同地认为创业家具有“冒险倾向”的人格。但有位曾靠着流程创新成功打入全球市场的成功发明家兼创业家却说："我从来没有碰到过所谓的'创业人格'。不过我所认识的成功创业家倒是有个共同点：他们都不是'冒险家'。他们会试着界定必须承担的风险，然后尽量把这种风险降到最低。如果不是这样，根本没有人会成功。"

德鲁克指出，创新人才的特性是具有筹划系统的能力，能够把互不相关、各自独立的要素，组成一个整合系统。

特立独行的天才

哲学家叔本华说："天才是孤独的，天才被隔绝于孤独中，有时近乎疯狂……"爱尔兰精神病学家费兹杰拉德在著作《艺术创造力的起源》中指出，史上很多天才，如牛顿、莫扎特、贝多芬等人，多半都有"阿斯伯格综合征"。这是一种缓和的自闭症，患者具有超凡的艺术创造力与高超的数学天赋，爱因斯坦也被认为有这种病。费兹杰拉德发现，导致阿斯伯格综合征的基因和形成洋溢才气的基因是相同的，也就是说，天才与疯子之间仅有一线之隔。

然而，如爱因斯坦般一头乱发，凭借不世出的聪明才智促成科学界大发展的特立独行的天才已经是过去式了。在发达国家，群策群力取代了单打独斗，发明和研发已经“制度化”，每个领域的重大问题都有精英在专注研究。即便是奠定了古典物理学基础的科学家牛顿，在动力学、天文学和光学的研究成就，也是综合了开普勒、伽利略、笛卡儿等伟大前辈的精髓而得来的。美国乔治梅森大学科技专家凯西也说：“亨利·福特懂得生产线上的各项细节，但在丰田汽车你找不到这样的人。”

5分钟摘要

想在未来成功，就要善用过去

要打造未来的突破性产品，就需更有效率、更有创意地运用已有的可行产品概念，不论这些概念来自自己所在行业还是其他行业。

换而言之，即使真有所谓“灵光一现”的突破性产品，也就是某个人突发奇想想出来的革命性新产品，那样的情形也是少之又少。真正有价值的突破性产品，反而大多是重组式创新、“科技中介”的结果，也就是把某个行业中行之已久的构想和概念，移植到另一个完全不同的行业。因此，要想在未来成功，就必须更懂得善用过去。

具体来说，科技中介的概念如下：

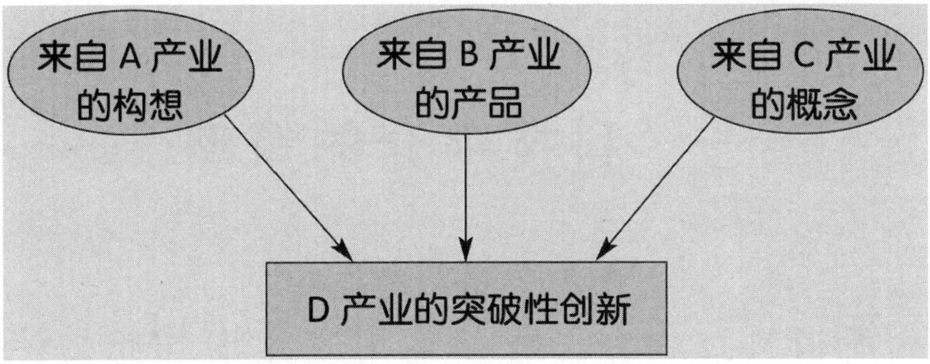

关键思维

今天，我们大可抛弃过去的想法，别再以为创新一定要靠某位天才在地下实验室里孤军奋战。创新企业之所以能够成功，不是因为挣脱了以往的束缚，而是因为懂得以有力的崭新手法善用过去。企业可以以较低的风险，在既有的基础上建立成功创新的流程。

——安德鲁·哈格丹

一　科技中介的策略

所谓科技中介，就是运用重组旧构想的流程建构出新科技，而不是靠凭空发明。要成为成功的科技中介人，就必须横跨好几个行业，把已经成形且得到应用的构想从原有领域中抽离出来，移植到未曾利用的领域。说穿了，突破性产品就是重组式的创新，科技创新就是一种“相变”现象。

（1）科技的3大基本元素。每一项科技，不论简单还是复杂，都是为了达到特定目的而对以下3种元素进行组合的结果。这3种元素分别是：

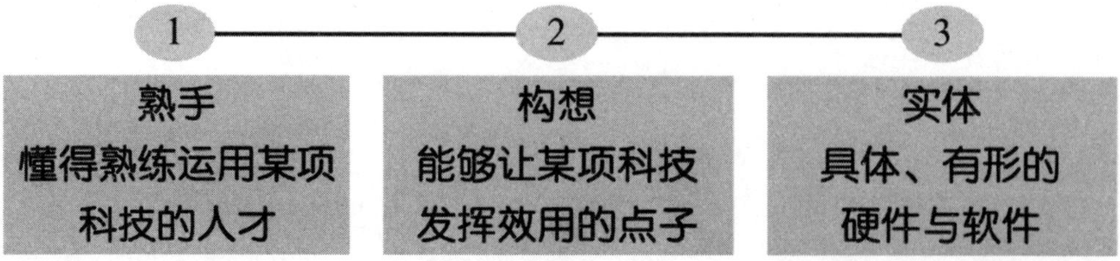

比如早在1774年就已经发明了电报，但是直到1837年发明出摩尔斯电码后，才出现专责收发电报的电报员。此后又有其他人（如爱迪生等）发展出新的构想，让信号可以发送得更快、更有效率，电报科技也因此不断发展。最终，那些与电报科技相关的人才、构想、软件和硬件，共同孕育出今日的光纤网络。

（2）发明家最擅长科技中介。当不同领域的科技网络彼此激荡出新的联系时，就会产生突破性创新。这些偶然出现的转变，让一种科技变成另一种科技，这与物理学上的“相变”相似。每一回相变，甚至只是某一项科技的大幅进步，都会带来各式各样的商机。由此可见，发明家并不比普通人更有创意，只不过他们更善于联系罢了。发明家横跨的网络比一般人更广，因此总能够快人一步，将某项科技与另一项科技组合成新的东西。同样，科技中介人之所以能创新，并不是因为他们有什么原创性的做法，只是因为他们找出了新的方法，把一个科技网络跟另一个科技网络联系起来，具体如下：

◎科技中介联系看似大相径庭的领域，从中生成新的科技组合——而不是凭空开发出原创的全新科技。

◎科技中介善用过去的成果，而不是摆脱过去——与过去对创新的看法不同。

◎科技中介的目的不在于提出新奇的科技创新——而是要将新的方式与现有科技结合，引发行业或产品的革命。

◎科技中介根据新科技构筑新的人才社区——而不是反抗科技界既有的秩序。科技中介人从不想特立独行。

历史上那些著名的创新机构，在组织结构上其实都带有科技中介的性质，其中最知名的例子有：

案例：爱迪生的门罗帕克实验室。

爱迪生于 1876 年设立了门罗帕克实验室

(以所在地点命名)。整座实验室完全没有隔墙,是一间 30 米长、10 米宽的大工作室。实验台就从实验室一头延伸到另一头,人数最多的时候,一共有 14 名工程师为了研发新科技而进行各种实验。工程师们同时进行着电报、电力照明、铁路和采矿等行业的研究,实验均为开放式,每位工程师都会对进行中的各项实验提出构想、交流看法,而不只专注于自己的实验计划。

关键思维

爱迪生为别人做实验也为他自己做实验——他悄悄地淡化了两者之间的界线。就算爱迪生把某项受托的研究成果应用到其他计划上,或是用原本为某位委托人配备的实验设备去进行另一位委托人的工作,又有谁会知道?

——安德列·米勒德

《爱迪生与创新事业》作者

（1）发明家不是天才怪物。大多数人往往以为，爱迪生是抱着一堆材料一股脑地研究，最后发明出电灯、留声机和电报，其实不然。事实上，他会随心所欲地借用某个领域的概念，把它运用到完全不同的行业上。然后，爱迪生会成立公司，把那些看起来最具有发展潜力的科技商品化。

（2）灯泡其实不是爱迪生发明的。在这里以一个例子来说明爱迪生具有的天赋。白炽灯泡的专利，其实是由约翰·斯塔尔在1845年取得的，比大家认定的爱迪生“发明”灯泡的时间早了20年。最初爱迪生提出灯泡的专利权申请，还遭到了美国专利局的驳回。然而爱迪生努力寻找最适合当灯丝的材质，这项研究让他享有极高的知名度，因此大多数人自然而然地以为爱迪生就是灯泡的发明人。换句话说，爱迪生身为发明家的名气，至少有一部分得归功于他的人气聚集能力，而不是因为他的发明天赋。他成功还因为他横跨了许多不同行业，能够从某个行业中取得概念，然后再应用到另一个行业中去。爱迪生发明创新的卓越成就，来自他创立的门罗帕克实验室，而这个组织就是以追求创造力与创新速度为终极目标。

长久以来，爱迪生等发明家一直努力给人一种错误的印象——他们是特立独行的天才，凭空就能创造出各种发明。表面上，爱迪生在追寻未来的过程中放弃了过去；实际上，他竭尽心力地从过去找出可用的元素，然后运用这些元素创造未来。爱迪生采用了科技中介的策略，挖掘旧有领域，并且添加自己的创新建立新领域。他的实验室之所以与众不同，不是因为工程师能够关起门来，超越现有框架凭空开发。事实正好相反，能够同外界的构想相结合，才是这间实验室创新能力如此强大的原因。爱迪生能够不断创新，正是因为他懂得善用自己所处时代的科技网络。

案例：亨利·福特的高地公园工厂

美国密歇根州的高地公园是知名的工业重地，亨利·福特在此建立了一座工厂，用来组装T型车。福特在今天被奉为汽车业的成功典范，可见当时这座工厂有多么成功。然而有趣的是，福特其实并没有任何“发明”，他不过是运用之前没人尝试过的方法，把好几项原本就存在的科技组合起来而已。

（1）福特结合了4项既有的关键科技：

◎可替换零件——有了车床、铣床等金属加工机具，工厂可以生产出标准化零件，从此福特不必再依赖技术纯熟的技工，就可以直接指导新手制造零件和组装汽车。

◎流畅的工作流程——按照生产步骤重新设定生产流程。当时其他汽车制造商都要人员按照组装步骤游走于机具之间，但是福特却反其道而行之，调整机具摆放位置以方便人员工作。

◎流水线——每名工人只负责操作一项简单

的工作，完成之后再把半成品转移给另一位工人进行下一步骤。福特的灵感来自肉类产品的生产线，肉联厂把猪与牛“肢解”成不同部分，然后分别包装。

◎电动马达——福特运用小型电动马达来分别辅助工人组装。这远比采用中央蒸汽机供应全厂机具所需的动力要有效率得多。此外，由于新工厂的生产线是根据电动马达来设计的，因此过去轮轴与牵引带所占据的空间就可以空出来架设高架起重机和输送带。

（2）必要条件成熟，进步必然发生。上述4项关键科技中没有任何一项是福特发明的——都是其他领域已经使用的科技。福特成功的原因在于，他是所有汽车制造商中最先认识到这些科技的潜力，并把它们结合起来运用的人。结果，T型车的产量由1908年的6000辆增加到1914年的23万辆，同时T型车的单价也从850美元降为490美元。福特汽车公司靠着这项创新获得了

46%的市场占有率。高地公园工厂在全盛时期的表现令人叹为观止：从工厂的一端送入铁矿、木材和煤等原料，从另一端送出来的就是全新的T型车。

关键思维

我没有发明任何新东西。我只不过是把其他人数百年来努力的成果组装成一部汽车而已。如果我是在50年前、10年前甚至是5年前组装汽车，都没办法成功。对任何新事物来说，道理都是一样的：只要所有必要的条件都成熟了，进步就一定会发生。有人说人类最伟大的进步都是少数特定人的功劳，那根本是一派胡言。

——亨利·福特

福特汽车成功的原因在于，该公司广泛运用各个领域中的元素，尽可能结合最佳的人才、构想、软件和硬件，打造出一个制造汽车的企业。福特的生产流程给汽车业、制造业和人类社会都带来了革命性的影响，而带来如此影响的原因正是该公司懂得灵活运用既有科技。

——安德鲁·哈格丹

案例：康提纽设计公司。

位于美国马萨诸塞州牛顿市的康提纽设计公司成立于1983年，专为各种行业的顾客设计产品，已经成功为100多种行业研发出多项获奖产品，包括办公设备、通讯系统、消费类电子产品、家用电器、运动用品、工业产品、医疗仪器与保健产品等。

（1）6个月设计出锐步气垫慢跑鞋。为了回应耐克推出的新气垫科技，锐步公司向康提纽设计寻求协助。康提纽设计提出了一项概念：在鞋内置入充气夹板，让慢跑者的脚踝得到更好的支撑。这项构想是由康提纽设计团队中一名之前参与过医疗用品设计的成员提出的。其他设计师又陆续加入了几项构想，包括小型气泵、通气管和活塞。最终这款名为“锐步气垫”的新慢跑鞋在市场上大受欢迎。

（2）愈是想象不到的结合，愈具有革命性。研发就像跟未来赛跑。长久以来，某些影响深远的革命性新科技，不是来自市场竞争对手，而是来自其他周边领域。那些领域中隐藏了数量众多的具有潜在价值却尚未为人所知的科技。那些一心只想着发明未来的人，就和紧抓着过去不放的人一样，在研发过程中都将错失许多宝贵的线索。

关键思维

知道有某项科技是一回事，懂得这项科技包含哪些功能、该如何在新状况下应用又是另外一回事。康提纽设计的工程师之所以能想出锐步气垫这项产品，是因为他们看过这些元素在截然不同的产品上的应用。康提纽设计的经验来自该公司横跨多种行业和市场的优势，这些经验使该公司有能力设计出革命性的运动鞋，而且设计的速度比任何人预期的都快。在产品概念获得锐步同意之后，该公司只花了6个月的时间就设计出这款慢跑鞋，然后又在6个月内完成了量产的准备。一家曾与康提纽设计合作过的医用输液袋制造商成了这款慢跑鞋中充气夹板的供应商。整个计划的成本不到25万美元，而锐步气垫鞋在上市的第一年，就在竞争激烈的运动鞋市场中创造了超过10亿美元的营收，其产品创意还获得了财经媒体广泛的好评。

——安德鲁·哈格丹

我们乐于从事各种不同行业的设计工作，这对我们来说获益良多。我们设计的医疗用品，既包括用来监护患者的器材，也包括诊断仪器。我们设计了不少办公设备，尤其是全新的显示设备和显示界面。我们也一直在设计居家生活用品，从窗户、水龙头到家用电器。即便是在传统产品领域，我们也能提供适度创新。不论是制造新产品还是运用新科技，设计出来的产品必须好用才有价值。有时候，从最想象不到的地方引进某项科技，可能带来产品的革命。当然，整合出来的科技终究要能服务使用者，不能造成使用者的负担。

——简·塞凯，康提纽设计 CEO

二　科技中介的网络

要通过科技中介策略让自己更有机会想出新构想，可以进行以下3项工作：多元化、建立人脉、建构社区。

多元化：成为通才，不要只专精于单一领域

创新过程中有个很有意思的现象，那就是许多创新都是在不经意间出现的。科技中介就是希望主动引发这些美丽的意外。从经验推断，一个人涉猎多个领域会比专注于单一领域更可能构思出新构想。

要提升自己构思新构想的能力，你必须做到以下2点：

（1）与许多不同社群建立普通联系，而不要只跟少数社群建立深厚联系——让你接触到更多人才、软件、硬件和构想。许多行业都形成了自我封闭的环境，行业内的人员埋首于自己的工作，对外界发展置之不理。想要把某一领域的成功构想应用到另一领域并以此达成创新，封闭肯定是不行的。有更开放的心态，才能获得更多构想。

（2）时刻做好准备，善用市面上出现的各种创新机会——不让机会从自己手中溜走。优秀的创新人才会善用各方资源，结合各种领域的成果，仔细留意并做好运用机会的准备，争取做到持续创新。历史上许多伟大的创新人才（例如爱迪生等）都曾深入研究各行各业的成果，并且自在地游走于这些行业之间。他们之所以能够有卓越的表现，就是因为做好了应用各种科技的准备。你一定要做好同样的准备，谨慎并清楚地掌控自己对创新的观察。

关键思维

知识一方面让你看起来充满智慧，另一方面也会让你变成目光短浅的傻子。

——罗伯森·戴维斯，加拿大小说家

科技中介公司周游各个领域，通过更多渠道去发现将某一领域中的人才、构想、软件和硬件运用到另一个领域上的方法。法国细菌学家路易斯·巴斯德不仅发现了细菌，也提出了疫苗接种的程序和低温杀菌法。巴斯德曾说过一句掷地有声的金句："在观察的领域中，机会只偏爱那种有准备的头脑。"我们现在把这个发现叫做巴斯德格言，而它为往后的科学发现和科技结合做了最好的注解——就像失败实验却得到偶然的精彩组合，以及科技创新史上的其他意外惊喜一样。

——安德鲁·哈格丹

建立人脉：与更多人交流，学习从不同角度思考

（1）发展创新的阻力：

◎能力陷阱——组织成员过于专注于已知的领域，而忽略了领域外的新机会。

◎观念障碍——组织的核心能力塑造并影响了组织成员对外在环境的看法。

（2）克服创新阻力的方法：

◎利用稳健行业的资源——利用其他成熟行业的基础来创新，而不是尝试成立新创企业来吸引足够的资源。

◎求广不求深——尽可能涉足多项领域，同时在心态上要保持弹性，勇于尝试新构想或组合。

◎愿意亲力亲为——亲自动手去做，不要凡事只讲理论。只有对某个领域有了第一手经验，才能了解个中的细微差异，这是外行无法体会的。亲自参与能让人从新角度看待已有的知识。

◎引进外界观念——从所属行业之外招揽人才和顾问或是邀请行业外的专家到公司授课。这些都能为组织注入新构想。

◎只吸收科技中最有益的部分，舍弃科技带来的包袱——只采用新构想，不聘请有相关经验的人才，从而避免让开发创意的过程受成见的影响，也可以让组织避开那些坚持用特定方法进行工作的组织成员的羁绊。

关键思维

多方联结能够让组织成员接触到不同领域的问题与资源。在组织追求创新的过程中，多方联结能够让组织接触到各种潜在资源，而不是跟特定领域建立深厚关系。科技中介需要与多方同时联系，因为多方联系不仅能够形成并体现开明的心态，也能够看到新的关联与可能。

——安德鲁·哈格丹

建构社区：根据创新发展人才社区

（1）发展人才社区的益处。科技中介的本质就是要横跨多个领域，把某个领域里的杰出构想移植到从未运用过的领域。为此，组织必须在既有创新的基础上建立起新的人才社区，否则就会徒劳无功。有些发明家用这种方法成功（例如爱迪生和亨利·福特），而同一时期的其他人虽然也具有创新构想却无法望其项背，道理就在这里。

把各种跟新科技相关的人员，例如供应商、投资人、工程师、制造商等组成人才社区，可以带来两项重要的益处：

◎这个社区可以结合众人的努力，把有趣的构想转换成有用的事物。创新往往会动摇现有秩序。它在刚开始时通常只是偏离常轨的构想，直到足够多的人加入社区后，构想才会变成有用的事物，而不再只是拒绝墨守成规的想法。社区规模扩张得愈大，构想的影响力就愈大，构想就愈能演变至被主流社会接受。

◎假以时日，有了活跃人才社区的支持，突破性创新就会在成熟的行业中引发影响深远的革新。

(2) 社区会促使新创企业诞生。人才社区会结合各种必要的支持力量，带来颠覆传统的成果。愈来愈多人加入社区后，每位社区成员就会贡献自己的构想和技能，使得创新更进一步发展。活跃的使用者社区能够带来各种各样的构想，也会汇聚志同道合的社区成员，这些成员都相信未来会出现有价值的产品。社区不仅确定了新科技的存在，也会产生必要的“反馈循环”，进一步改良构想，让构想继续发展。例如，某些社区成员能够改良一项科技的制造方法，另一群社区成员就会开始想办法运用这一新方法。如此一来，新的应用方式会扩大产品需求，而新增的需求又会激励制造专家去寻求更多提升产品性能的构想。循环会一再重复，创新也会随着循环从实验结果转变成消费者可以使用的原创产品，而这项商机又会吸引更多人加入社区。接下来往往就会促使更多人创设企业，分别对新科技的特定部分进行调整与改良。

（3）如何建立人才社区。那么，科技中介人到底该怎么根据自己的创新建立人才社区？这实在是一项很困难的挑战，因为这通常表示原创者会失去对新科技的主导权甚至是所有权。例如，IBM 个人电脑所形成的社区，规模十分庞大，具有划时代的意义，但是这个社区也超出了 IBM 所能掌控的范围。不过话说回来，如果 IBM 打算关起门来设计个人电脑并且紧握专利权（就像苹果电脑一样），那么这个社区的规模就会小得多。

要想根据某项创新建立人才社区，科技中介人必须做到下列几件事：

◎ 在尝试建立社区之前，先试着建立坚实的伙伴关系——就像比尔·盖茨与保罗·艾伦共同成立微软，史蒂夫·乔布斯和斯蒂夫·沃兹尼亚克共同成立苹果电脑一样。大部分社区在刚开始时都是伙伴结盟或是因为特定目标而组成的团体，之后再以此为基础继续发展。

◎ 在广泛联系出现之前，要投入足够的时间和精力——大多数人在事前都无法得知究竟需要哪些技能和经验。

◎ 视情况成立或结束短期网络——让你厘清什么才是必要的。时间一长，重要程度靠前的网络自然会逐渐成长壮大，重要程度靠后的网络则会消失。每一个新网络都会让社区与其他社区产生联系，这种联系在未来某个时刻可能很有帮助。

◎ 把社区内规模较大的团体拆解成小规模的次级团体——每位社区成员就都有机会一展身手。分解大团体能够让每位成员都积极投身于自己有兴趣的小领域，不会因“无兴趣、不在意”而分散心力。

◎ 意识到没有事物能永远存在——科技中介人会不断想办法拆解已经完成既定目标的团体。这种适者生存的状况表明：只有坚实而稳固的团体才能够生存下来。

（4）避免科技被神化的陷阱。如果把创新当成英雄人物为挣脱社会的沉重枷锁而创造出来的成就，那么我们的麻烦就大了。有太多创业者希望循着爱迪生和福特等人的脚步来当个不羁的个人主义者，就像历史上记载的那些特立独行的天才一样。但是创新人才不是这种人。他们之所以与众不同，是因为他们知道创新不能单靠新的构想（由旧有构想重新组合而成），还必须靠众人的努力才能克服此过程中的不确定性和质疑，最终将新构想落到实处。机会不会自动找上门，要成功创新，你就必须主动汇聚理念相近、全心投入的人才，建立人才社区。他们能够从目前成功的新兴科技和行业中看见彼此共同的未来。

关键思维

创新过程有个矛盾的特点：一开始要广泛涉猎各个相差甚远的领域并从中产生创新的构想，同时又必须在某一领域建立稳固、深入的联系。只有这样，企业才能建立人才社区。企业必须在这两方面都投入资源。问题不在于化解矛盾，而是要衡量这两个看似矛盾的目标分别能够为组织带来多少助益。多方涉猎可以为企业带进不同领域中的人才、构想、软件和硬件，形成新的组合，使企业在组合的基础上建立新的领域。

——安德鲁·哈格丹

大家之所以能够忍受某人被神化成“伟人”，例如爱迪生、亨利·福特、史蒂夫·乔布斯、比尔·盖茨等，是因为这样做是有好处的。把构想跟某个特定的人或时间联系在一起，能够让大家认为这个构想是“属于”某人的。把正当性和声望归给特定人选也有好处：有利于争取新的投资人或让自家的新发明成为市场标准。

——安德鲁·哈格丹

三　设立科技中介部门

想要运用科技中介策略，让公司上下能够追求创新，可以选择采取以下3种行动：见贤思齐、成立团队、输出科技。

见贤思齐：调整运营策略，成为科技中介人

第一种策略选择是根据科技中介的流程来规划公司的组织架构。有几家企业成功运用过这个做法，例如康提纽设计与IDEO设计公司。还有些企业尝试过这种做法，可惜成效不彰。持续创新并保持创意是项艰巨的挑战。

一般说来，要成功转型为彻底的科技中介企业，必须做好3项要务：

(1) 建立合适的组织结构。官僚作风会扼杀有原创性的想法，因此，历史上最杰出的科技中介企业大都具备非常流畅的组织结构，能够根据项目的需求进行弹性调整。例如，IDEO 的项目经理人会和设计师、工程师合作进行研发，任务完成后，这个团队也就解散了。假以时日，即使没有正式职称，公司上下也能清楚知道谁是最优秀的人才。根据项目组成或解散团队，研发人员就能够运用公司里所有成员的经验和专长。此外，这也使员工能够广泛接触到各种技术挑战。

（2）培养支持创新的工作惯例。科技中介人处理的都是初步构想，因此必须形成以下 4 项工作惯例：

◎ 寻找杰出构想——观察使用者，检查过去的科技以及整合构想，不论是靠想象还是实际操作。

◎ 传承杰出构想——通过把构想做成成品或是在组织内建立知识管理的办法，让组织上下都能获取到相关信息。

◎ 为旧构想找出新的应用方法——从组织目前面对的挑战以及旧构想曾经历过的瓶颈中，找出相似之处，从而为“当前”找出新的应用方法。

◎ 试验有潜力的构想——把新构想融入服务、产品、流程或运营模式中，进一步测试和评价这些构想。

（3）营造智慧的企业文化。企业文化体现了组织上下共同遵守的规则，而这些规则又进一步塑造了员工的行为。在科技中介企业的文化中，不论由谁提出，最杰出的构想一定会胜出。组织成员都肩负着共同的使命，每位成员对项目都不会吝于贡献心力，不论这一贡献能否获得认同。在这种企业文化中，每个人都会寻求他人的帮助，不会羞于承认自己遭受过失败或可能陷入窘境。科技中介企业的文化可以归结为智慧的文化，在这样的文化中，真正突出的不只是成员所具备的知识，还包括他们应用知识的方式。

（4）要有“成功不必靠自己”的心态。在实际操作上，成为科技中介企业是一项相当困难的挑战。你必须召集一群具有不同行业经验的人才，鼓励他们抛开原本的做事方法，从崭新的角度看待自己专精的领域。能够持续做到这一点的人才，其实并不多。

许多科技中介企业鼓励员工从独立科技中介人的角度思考。换句话说，成功的企业会在组织内部设立构想和原创想法的“集市”。员工只要能够从外部引进新构想，或是能够运用非相关领域中的杰出构想，就能获得公司的高度赏识。这些企业完全没有过去那种“成功一定要靠自己”的想法，建构科技中介企业的基础是“借鉴来的才是最好的”。

关键思维

跟我们合作的企业来自各种截然不同的行业，包括医疗仪器、家具、玩具和电脑行业等。跟这些企业合作，我们能够广泛了解各种最新科技，也能学习到该怎么迅速又有效率地做好产品研发。

——大卫·凯利，IDEO创办人暨董事长

许多科技中介公司在起步时都会把新科技应用在新领域中。假以时日，它们才会凭借在新领域中学到的经验，接触到各种不同的人才、构想、软件和硬件。

——安德鲁·哈格丹

成立团队：成立横跨整个组织的团队

企业通过科技中介受益的第二种方法是：在企业内部成立一个部门，负责联系各个不同的领域并以重新组合的方式进行创新。在实际操作中，则通常是由科技中介部门的人员担任其他事业部门的顾问。

（1）设立科技中介事业部门的案例。已经有许多企业在内部设立了科技中介部门并获得了不同程度的成功，例如：

◎ 施乐公司于20世纪60年代末成立了帕罗奥多研究中心，针对新兴的数字行业研发新科技。帕罗奥多研究中心后来因为研发出多项新科技而闻名于世，例如第一部个人电脑、第一个图形使用者界面、第一个电脑鼠标、以太网、主从式架构、激光打印以及许多互联网协议。然而施乐自己却无法将其中任何一项科技商品化，反而是其他企业在上述各项新科技的基础上建立了人才社区，然后在市场上推出这些科技。

◎ 明尼苏达矿业与制造公司（3M）相当受人瞩目，因为该公司鼓励员工运用15％的工作时间进行自己的创新。3M 公司于 1983 年成立了光学科技中心，为公司的微复制技术寻找并开发市场，这项新技术能够提升投射光束的效能。这个新的部门积极在 3M 公司内部推广这项技术。光学科技中心的工程师会和其他部门的工程师合作，找出微复制的其他应用方式和新市场。例如，3M 研发出一种胶膜，能够提高笔记本电脑屏幕的亮度，进而延长电脑的电池寿命。此外，在高精度磨光等其他多种应用上，也能运用到这项技术。光学科技中心在成立后的15年内，为3M公司创造了超过10亿美元的营收。

（2）科技中介部门成功的要素。要在企业内进行科技中介，方法要对。大致上，公司内部的科技中介部门要想茁壮成长，就必须具备跟外部的科技中介企业相同的成功条件。具体可参考以下方法：

◎ 按照成功科技中介企业的条件，包括架构、工作规范与文化，设立内部中介部门。

◎ 把内部中介部门额外创造的营收当成唯一的绩效评价指标——不要把获得的专利数量或是某项科技被其他公司商品化的程度当成评价指标。

◎ 对组织内部采取“使用者付费”原则——从可能用到相关科技的部门中拨出预算作为中介部门的资金，而不是从企业的研发预算中拨出资金。这样可以凸显内部科技中介部门的成本效益，还可以向组织成员强调，内部科技中介部门的发展重心是运用创新的方式重新组合公司现有的构想、软硬件以及利益，而不是要发明全新科技。这样做也会迫使中介部门积极寻求资金。

◎ 鼓励内部科技中介部门在企业内分享最有效的工作规范——只要企业中某个部门通过工作规范找到提升绩效的方法，就可以复制到其他部门。

◎ 鼓励内部科技中介部门犯错——这在学习和实践过程中是不可避免的。

◎ 明确划分各个部门的发展重心——内部科技中介部门负责创新，而其他部门则致力于改善本身的业务。

◎ 让工作更多元——让内部科技中介部门跟组织外的顾客合作，甚至和全新领域的顾客合作。这不仅能够扩展人际关系网络，对设计人员来说，工作也更有趣、更具启发性。

（3）科技中介部门的任务是重新分配未来。大型企业在重组创新上通常还有很大潜力，而开发潜力的诀窍依然是辨识出可进行重新组合的机会。说穿了就是要把合适的知识，在合适的时间交给合适的对象。把所有人才或资料整合在一起不是应有的做法，因为员工必须专注于自己的工作。企业真正该做的是建立内部的科技中介部门。内部科技中介部门并不进行发明，它就像科技中介企业一样，是要“重新分配”已经来临的未来（指让现有的科技通过不同组合方式，影响不同的个人、组织或地区）。对这一部门来说，工作的地点是工厂或战情室，而且要跟不同部门的营销团队并肩作战，通过对市场的新观察，想出新构想、新产品、新流程。

关键思维

该怎么分辨研究实验室和内部科技中介部门？两者最重要的不同在于：是想学习基础科学还是想学习行业实务？研究成果是即时还是多年之后才能实现商业价值？两者都很必要，但不能将两者混淆。一种是发明，由科学孕育出科技；另一种则是重新组合，是把某一事业部门的最佳做法（有时可能是最差的做法）运用到另一事业部门上。

——安德鲁·哈格丹

输出科技：把自己的科技销售给其他行业

有时候，企业可能遇到千载难逢的机会，可以把自己的科技从一个领域移植到另一个领域。当不同的市场开始整合时，这种机会很可能突然出现，但之后也可能迅速消失或衰退。或者这种机会也可能是其他项目无心插柳的结果。也就是说，一项新科技没能达成原本预计的成果，却出乎意料地表现出具有获利潜力的副作用。

（1）无心插柳柳成荫。

◎ 3M 不够粘的粘合剂——3M 之所以能研发出即时贴，是因为某种粘合剂的粘性不如预期。但公司却为它找到了完全不同的用途。

◎ 伟哥的“副作用”——伟哥最初是为了治疗心血管疾病而研发的药品，不过在临床实验时却失败了。等到辉瑞药厂发觉参加实验的病患不愿意归还未服用的样品时，才发现了它威而刚的“副作用”和潜在用途。

◎ 杜邦不小心硬化的底片——硝化棉涂料汽车快干漆 Duco 的出现，不过是因为杜邦的工程师无意中忘了把新研发的底片收好，使得样本在经过一个周末后硬化了。这个新材质用来制作底片的效果不佳，反而成为了理想的汽车漆面，经久耐用不易脱漆。

但以上新机会在一开始的时候，往往被视为组织运营模式的威胁，又或者这些机会出现在企业的角落，是工程师或经理人在聚会时无意发现的。由于种种原因，这些绝无仅有的科技中介机会很可能就这么溜走。

（2）科技中介部门成功销售的要素。要想确实掌握这些绝无仅有的机会，组织必须做到下列 3 件事：

◎ 建构通畅的组织结构——使得抱有新构想的成员能接触到组织中合适的对象，得到支持，让构想进一步发展。建立内部的联系渠道，使有天分的成员把构想传达给“权力阶层”，从而获得必要的组织支持。每个组织都有不同的结构“通畅渠道”，但共同点都是让具有创意构想的成员接触到组织里具有足够影响力和权力的成员。

◎ 做好准备，根据新科技建立外部的人才社区——可以通过研发新产品和服务吸引其他人加入，建立伙伴关系或是跟更多组织和团体建立关系。上述种种做法可以营造出合适的环境，使新构想茁壮成长。明智的组织会找出有效的方法来跟市场上其他组织快速建立关系。这么做不仅能使新构想的发展更顺利，也能让竞争对手打消试图推出替代方案的念头。

◎ 勇于成立独立的创投事业——让新科技抛开历史包袱，冲开眼前的阻碍，自行规划策略走向。许多新科技为了得到发展所需的资金会试图讨好所有人，但要让新科技有真正的进展，就必须放弃一部分最初的承诺。而成立专门让新科技有“施展之地”的独立企业则比较容易。这么做还可以让科技研发人员建立自己的外部网络，不受旧有关系或传统观念的影响。

（3）利用资源分配不均形成的机会。根据很简单，突破性创新意味着重新组合既有科技的人才、构想、软件和硬件。个中道理正如美国科幻小说家威廉·吉布森所说：未来已经来临，只是没有平均分配罢了。科技中介使得组织有办法通过分配不均形成的机会重新组合出创新。而经理人的挑战则是要合理配置组织的资源，使各个迥然不同却可能藏有宝贵资源的领域相互联系，发现新的领域，让新的创新组合茁壮成长。

（4）睁大眼睛，别让机会变成阻力。经理人的挑战是要在怀疑的同时积极投入——既要对目前各种规模的领域心存怀疑，也要在这些领域上投注心力以建立新的领域。

在电报、电话、大规模生产、晶体管、电脑等科技引起行业革命之前，早已有人运用过这些科技中的元素。突破性产品的问世是因为有人用前所未有的方法把这些元素结合起来，把现存科技应用到其他领域，结果带来革命性的影响。事实上，因为已经接受了这些科技的既存形式，所以那些最熟悉这些科技的人很难对其进行重新解构，也很难用新方法加以重组。引发上一代革新的人才、构想、软件和硬件，往往会成为抑制下一代创新的阻力。也许只有靠天分才能从支离破碎的线索中看出突破性创新的潜力，但天分在这里并不是指一个人与生俱来的能力，而是指那些将过去各种成果相联系后建立起的网络，这种网络能够让一个人跨越不同领域间的藩篱。

关键思维

重组式创新的好处人人都可享受得到。科技中介者只不过是规划出一套策略，让自己可以随时把某个领域的科技与另一个领域的需求结合起来。他们不过是形成了一些工作规范，让自己有办法联系不同的领域，通过重新组合发现人才、构想、软件和硬件，结合成新的创新。我们从这些企业的经验中了解到创新的过程，而这个过程在大部分企业中都缺乏，且机会常常稍纵即逝。我们还可以了解到那些比较保守的企业该怎么做好准备，才能掌握住这些稀有却极为重要的创新机会。

——安德鲁·哈格丹